테라폼

설치에서 운영까지

Terraform Up & Running

Terraform: Up and Running

by Yevgeniy Brikman

ⓒ 2019 J-Pub Co., Ltd.

Authorized Korean translation of the English edition of TERRAFORM: UP AND RUNNING

ISBN 9781491977088 ⓒ 2017 Yevgeniy Brikman

This translation is published and sold by permission of O'Reilly Media, Inc., which owns or controls all rights to publish and sell the same.

테라폼 설치에서 운영까지
Terraform Up & Running

초판 1쇄 발행 2019년 3월 29일

지은이 예브게니 브릭만
옮긴이 장경철
펴낸이 장성두
펴낸곳 주식회사 제이펍

출판신고 2009년 11월 10일 제406-2009-000087호
주소 경기도 파주시 회동길 159 3층 3-B호
전화 070-8201-9010 / **팩스** 02-6280-0405
홈페이지 www.jpub.kr / **원고투고** jeipub@gmail.com
독자문의 readers.jpub@gmail.com / **교재문의** jeipubmarketer@gmail.com

편집 이종무, 황혜나, 최병찬, 이 슬, 이주원 / **소통·기획팀** 민지환, 송찬수 / **회계팀** 김유미
교정·교열 이종무 / **내지디자인** 황혜나

용지 신승지류유통 / **인쇄** 해외정판사 / **제본** 광우제책사

ISBN 979-11-88621-52-1 (93000)
값 23,000원

제이펍은 독자 여러분의 아이디어와 원고 투고를 기다리고 있습니다. 책으로 펴내고자 하는 아이디어나 원고가 있는 분께서는
책의 간단한 개요와 차례, 구성과 저(역)자 약력 등을 메일로 보내주세요. **jeipub@gmail.com**

테라폼
설치에서 운영까지
Terraform Up & Running

예브게니 브릭만 지음 | 장경철 옮김

O'REILLY® Jpub
제이펍

차례

CHAPTER 3   테라폼 상태 관리   69

CHAPTER 4   테라폼 모듈   99

CHAPTER 5   테라폼 팁과 요령: 반복문, 조건문, 배포 및 주의사항   125

옮긴이 머리말

IT 환경은 클라우드 컴퓨팅을 통해 이미 새롭게 변화되었으며, 계속해서 클라우드 환경에 발맞춰 비즈니스의 가치를 높여 주는 다양한 도구와 서비스가 나오고 있다. 기술뿐 아니라 업무 문화도 함께 변화되고 있으며, 엔지니어의 역할도 비즈니스를 이해하고 새로운 대안을 제시해야 하는 능력까지 필요하게 되었다. 또한, 모든 주목받는 기술이 클라우드를 통해 빠르게 적용되고 서비스의 요구 사항이 높아지면서 변화의 속도는 점점 빨라지고 있다.

그리고 서비스 변화 속도가 점점 빨라지며, 정보에 대한 복잡도가 기하급수적으로 높아지고 있는 지금, 많은 기능을 클러스터로 구성해야 하고 자동화된 검증 기법을 연동하면서 코드형 인프라가 새로운 패러다임으로 급부상하고 있다. 이 중심에는 특정 클라우드 플랫폼에 특화된 도구가 아닌, 다양한 플랫폼을 아우르며 사용할 수 있는 테라폼이 있다. 테라폼은 최근 가장 주목받는 도구이며, 오픈소스로 많은 개발자와 엔지니어가 계속해서 기여하고 있다.

이 책은 테라폼을 통해서 인프라의 구성을 코드 형태로 관리하고 효율적으로 작성하는 방법과 노하우를 소개한다. 클라우드 컴퓨팅의 다양한 서비스들이 이미 추상화되어 있고 많은 기술이 융합되어 있기 때문에 그 위에 부드럽게 코드 형태로 관리하는 것 자체가 간단히 할 수 있는 일은 아니다. 이 책의 본론에서는 테라폼의 기본 문법부터 실질적인 노하우까지 다루고 있으므로 시간과 시행착오를 줄일 수 있을 것이다. 또한, 문화적인 부분 역시 사고방식의 전환이 필요하므로 이 책의 초반에서 다루는 데브옵스의 의미와 코드형 인프라의 장단점, 그리고 후반부에 설명하는 팀과 프로세스의 변화도 주의 깊게 살펴보기 바란다.

이미 서비스의 요구 사항에 맞춘 배포 시스템이 있거나 정해진 정책대로 대규모의 환경을 문제없이 잘 운영하고 있다면 테라폼을 통해 얻을 수 있는 기대효과는 이미 충족하고 있다고 볼 수 있다. 그럴 때는 이 책을 통해 테라폼을 본인의 시스템에 벤치마킹하고, 코드형 인프라의 최신 트렌드를 따라가면서 기존 시스템을 개선하고, 새로운 기능을 확장하는 전략으로 테라폼 도입을 추천한다.

개인적으로는 이미 테라폼을 사용하고 있었고 이미 오래전에 원서를 읽어 보았기 때문에 크게 부담 없이 번역을 시작했다. 하지만 책이라는 것이 내가 보려고 정리하거나 발표하는 것과는 매우 다르다는 것을 깨달았다. 다른 사람이 이해할 수 있도록 단어와 문맥에 대해 최대한 오역이 없도록 문장 하나하나를 수차례 살펴볼 수밖에 없었다. 그렇게 다시 읽기를 반복하고 문맥과 단어의 의미를 찾다 보니 기존에 신경 쓰지 않았던 기본적인 내용을 다시 깨닫고 누군가에게 설명할 때 기술 자체뿐만 아니라 그 기술이 내포하는 의미와 원리에 대해서 예전보다 심도 있게 전달할 수 있게 되었다. 읽으면서 얻은 지식과 번역하면서 얻은 지식이 분명히 존재하며, 나의 경력을 앞으로 한 단계 더 발전시키는 계기가 되었다고 생각한다.

우선, 책이 나오기까지 다방면으로 수고해 주시고 번역 일정 중에 최우선으로 처리해야 할 일을 양해해 주신 제이펍에 감사드린다. 그리고 책의 추천사를 흔쾌히 허락해 주셨던 멘토 분들과 지난 10년 동안 퍼블릭, 프라이빗을 가리지 않고 클라우드라는 전장을 함께 누비면서, 어떤 문제라도 가리지 않고 맨 앞에서 함께 싸우던 전우들에게도 감사드린다. 마지막으로 새로운 도전을 위해 온 타지에서 항상 옆에서 나를 배려하고 용기를 준 아내와 늘 응원해 주시는 부모님께도 감사드린다.

2019년 3월 스톡홀름에서

장경철

추천사

클라우드 서비스가 IT 인프라의 대세로 자리 잡아가고 구성 및 배포 관리에 대한 관심이 그어느 때보다 높아지고 있는 현시점에서 멀티 클라우드와 하이브리드 환경에서 코드 기반의 인프라 배포 도구로 개발자들의 폭넓은 지지를 받는 테라폼의 국내 번역서가 나오게 되어 진심으로 기쁘게 생각한다. 아울러 국내 주요 대기업의 클라우드 인프라를 직접 구축, 설계, 운영한 역자의 풍부한 클라우드 지식을 바탕으로 한 탁월한 번역으로 테라폼을 처음 접하는 개발자들에게 더할 나위 없는 선물이 되리라 믿는다.

— 윤혜식(투마일즈 대표)

4차 산업혁명 시대에 비즈니스는 치열한 경쟁의 속도전이다. 테라폼은 클라우드 기반 웹 서비스 개발 및 운영 시 IaC의 완성을 위한 화룡점정으로 경쟁에 살아남기 위해 적용해야 할 필수 기술로 널리 채택되고 있다. 이 책은 아마존 웹 서비스 상에서 테라폼 적용에 필요한 기본 지식을 익히고, 실무에 쉽게 적용할 수 있도록 예제 중심으로 친절하게 설명한다. 클라우드를 이미 활용하고 있거나, 앞으로 도입하고자 하는 IT 회사의 SW 개발자, 운영자, 기술 관리자들에게 데브옵스 또는 NoOps의 완성을 위한 가이드 도서로 추천한다.

— 임상석(마켓컬리 개발 총괄)

데브옵스 개념이 유행하고 클라우드나 컨테이너 환경을 사용하면서 빼놓을 수 없는 것이 IaC 다. 기존에는 클라우드별로 인프라 구성 자동화 및 배포 서비스가 존재하였지만, 정해진 기능과 형태에 맞춰서 개발해야 하는 번거로움이 있었다. 그러나 테라폼을 통해 인프라 환경을 빠르고 손쉽게 선언할 수 있으며, 필요에 따라서 다양한 사용자 정의 모듈을 개발할 수 있게 되었다. 이 책은 테라폼의 기본 개념뿐만 아니라 아마존 웹 서비스를 통한 인프라의 구성과 배포까지 자세히 알려준다. 또한, 실제 업무와 팀에서 활용할 수 있도록 다양한 노하우를 잘 설명해 주고 있다. 특히, 데브옵스 엔지니어, 개발자, 그리고 IaC를 시작하는 분들에게 많은 도움이 될 것으로 생각한다.

— 박상욱(메가존클라우드 SA 총괄/AWS 커뮤니티 히어로)

클라우드와 같이 리소스의 할당, 사용, 회수가 반복적으로 일어나는 환경에서는 시스템 관리자들에 의해 직접 관리되는 방식보다는 재사용성에 기반한 리소스의 배치 방법이 필요하다. 테라폼은 클라우드 환경에서 반복적으로 발생하는 리소스의 준비와 사용을 돕는 획기적인 도구다. 서비스 시스템을 코드로 관리하는 데브옵스 도구 중 핵심이다. 이 책에서는 테라폼을 통해 리소스를 다루기 위한 상세한 설명과 예제가 수록되어 있어서 테라폼을 시작하려는 엔지니어들에게 큰 도움이 될 것이다. 또한, 기능과 코드 구성에 대한 명확한 설명은 엔지니어링의 경험과 관계없이 테라폼을 이해하는 데 큰 도움이 될 것이다.

— 정윤진(피보탈 수석 테크놀로지스트)

인터넷 서비스를 지탱하는 인프라가 클라우드로 변화하면서 서버 배포의 패러다임도 획기적으로 변화하고 있다. 특히 테라폼이 그 변화를 관리할 최고의 솔루션으로 많은 관심을 받고 있다. 처음 테라폼을 접하는 분에게는 개념이나 의의의 설명을, 팀 단위로 확장하는 분에게는 협업 및 버전 관리 전략이 잘 설명되어 있어 테라폼의 도입을 주저하거나 막상 도입하고도 잘 쓰고 있는지 의문이 드는 분들에게 좋은 길잡이가 될 것으로 기대한다. 이 책을 통해 기존의 복잡한 서버 배포를 테라폼으로 자동화하고 본연의 업무 역량을 집중할 수 있길 바란다.

— 김성한(야놀자 리드 시스템 엔지니어)

테라폼 구성과 동작

몇 년 전까지 서비스를 제공하기 위해서는 데이터 센터에서 서비스 인프라를 직접 구성해야만 했고, 권한이 있는 시스템 관리자가 직접 수동으로 관리해야만 했다. 서비스를 구성하는 모든 서버, 데이터베이스, 네트워크 장비들과 모든 구성 정보들을 환경마다 직접 설정, 관리해야 했다. 혹시나 발생할지 모르는 설정의 실수로 인한 두려움이 있었고, 무겁고 느린 배포의 어려움도 있었다. 그리고 시스템 관리자만 서비스 환경에 접근할 수 있었으며, 담당자 없이는 서비스 장애에 대응하기조차 어려웠던 시절이 있었다. 하지만 몇 년 전부터 데브옵스(DevOps)로의 움직임으로 상황은 점차 변화되고 있으며, 특히 테라폼(Terraform)을 통해서 이전보다 유연하고 탄력적인 환경을 구성할 수 있게 되었고, 보다 효율적으로 서비스 환경을 운영할 수 있게 되었다.

테라폼(https://www.terraform.io/)은 하시코프(HashiCorp)에서 만든 오픈 소스 도구이며, 인프라를 코드 형태로 정의하는 간편한 선언형 프로그래밍 언어다. 다양한 공용 클라우드와 사설 클라우드 및 가상화 환경을 지원하고 있으며, 몇 가지 명령어를 통해서 관리하고 배포할 수 있다. 예를 들면, 수동으로 웹페이지를 클릭한다거나 많은 명령어를 묶음으로 만들어서 수행하는 대신, 다음과 같은 간단한 코드를 통해서 아마존 웹 서비스(Amazon Web Services)의 서버를 설정할 수 있다.

```
provider "aws" {
  region = "us-east-1"
}

resource "aws_instance" "example" {
  ami = "ami-40d28157"
  instance_type = "t2. micro"
}
```

또한, 적용을 위해서는 간단히 다음의 명령어를 수행하기만 하면 된다.

```
> terraform apply
```

이러한 간단함과 효율성 덕분에 테라폼은 데브옵스 세계에서 급성장한 주요 도구가 되었다. 또한, 지루하며 관리하기 어렵고 수동으로 해야 하는 시스템 관리자의 구성 작업을 견고한 자동화 기반으로 바꾸어 주었으며, 그 위에 검증 자동화, 지속적인 통합, 지속적인 전달과 같은 데브옵스로의 다양한 시도들이 이루어졌다. 그리고 도커(Docker), 셰프(Chef), 퍼핏(Puppet) 등의 다양한 데브옵스 도구들을 손쉽게 활용할 수 있게 해 주었다.

이 책을 통해서 독자는 가장 빠르고 효과적인 방법으로 테라폼을 구성하고 동작할 수 있게 될 것이다. 그리고 다른 언어의 'Hello, World' 단계 같은 가장 기초적인 테라폼의 실습부터 대규모의 서비스를 구성하는 모든 단계의 시스템 구성(서버 클러스터, 로드 밸런서, 데이터베이스)까지 배우게 될 것이다. 또한, 실습 자료를 통해 데브옵스와 코드형 인프라(Infrastructure as Code, IaC)의 개념을 확실히 하고, 다양한 코드 예제를 통해 손쉽게 따라 할 수 있을 것이다.

이 책을 마무리할 때쯤에는 실제 서비스 환경에서 테라폼을 사용할 준비가 되었을 것이며, 능숙하게 인프라를 코드 형태로 다룰 수 있을 것이다.

이 책의 대상

이 책은 코드가 작성된 후에 해당 코드에 책임이 있는 모든 이들을 대상으로 한다. 예를 들면, 시스템 관리자, 운영 엔지니어, 배포 엔지니어, 신뢰성 엔지니어, 데브옵스 엔지니어, 인프라 개발자, 풀 스택(Full Stack) 엔지니어, 엔지니어링 매니저, 기술 담당 총괄을 하는 사람들 모두가 해당된다. 직책은 중요하지 않으며, 직접 인프라를 구성, 운영(리소스 관리, 데이터 백업, 모니터링 등)하고, 코드를 작성하고, 서비스 애플리케이션의 상태를 감시하며, 새벽에 발생한 알람에도 즉각적인 대응을 해야 하는 역할을 담당한다면 이 책을 추천한다.

결과적으로, 이와 같은 모든 일은 일반적으로 '운영'이라고 바꾸어 말할 수 있다. 과거에는 개발자는 코드를 개발하지만, 대신 운영을 이해하지 못했다. 또한, 시스템 관리자는 운영을 담당하지만, 코드를 작성하거나 이해하지 못해 서로 협업하기가 어려웠다. 과거에는 이 격차를 줄이기 위해 수많은 방안을 모색하였다면, 최근에는 클라우드 컴퓨팅이나 데브옵스가 보편화

됨에 따라 모든 개발자가 운영 정책과 환경을 이해하기 위해 노력하며, 시스템 관리자가 개발 관련 기술과 언어를 능동적으로 배우는 형태로 변화하고 있다.

이 책은 독자가 전문적 지식이 있는 개발자나 시스템 관리자가 아니더라도 프로그래밍, CLI, 웹페이지를 구성하는 소프트웨어에 친숙하다면 충분히 이해할 수 있도록 구성했다. 책을 다 읽은 시점에는 최신 유행하는 코드형 인프라 개발 방법과 데브옵스에서 기본이 되는 부분을 완벽하게 파악하고 필요로 하는 지식을 얻을 수 있을 것이다.

실제로 이 책을 통해서 테라폼을 통해 인프라를 코드 형태로 관리하는 방법뿐 아니라 데브옵스 환경에 어떻게 효과적으로 적용할 수 있는지도 배울 수 있다.

다음은 이 책을 통해 답을 얻을 수 있는 몇 가지 질문이다.

- 왜 코드형 인프라(IaC)를 사용하는가?
- 구성 관리 도구와 배포 도구, 그리고 서버 템플릿의 차이는 무엇인가?
- 언제 테라폼, 셰프, 앤서블, 퍼핏, 솔트스택, 클라우드포메이션, 도커, 패커를 사용해야 하는가?
- 테라폼은 어떻게 동작하고, 인프라를 관리하기 위해 어떻게 사용할 것인가?
- 자동화된 배포 절차의 일부로써 테라폼을 어떻게 구성할 수 있는가?
- 자동화된 검증 절차에서는 테라폼을 어떻게 활용할 것인가?
- 테라폼을 팀에서 활용하기 위한 모범사례는 어느 것이 있는가?

또한, 테라폼은 대부분의 운영체제를 지원하며, 인터넷 연결만 되어 있다면 문제없이 사용할 수 있다.

왜 이 책을 쓰게 되었는가?

테라폼은 데브옵스를 위한 매우 주요한 도구다. 아마존 웹 서비스, 마이크로소프트 애저, GCP같이 잘 알려진 클라우드 공급자의 환경을 대부분 지원하며, 간결하고 손쉽게 작성 가능한 언어를 바탕으로 코드 재사용, 검증, 버전 관리를 지원한다. 그리고 이것은 오픈 소스이며, 친근하고 활발한 커뮤니티를 가지고 있다. 한 가지 단점이 있다면 최근에 개발된 도구라는 것이다.

이 책을 작성하는 시점인 지금 테라폼은 이제 2년이 되었다. 문제는 책, 블로그, 혹은 도움을 줄 수 있는 경험 많은 전문가가 없다는 것이다. 만약 공식 문서를 통해 테라폼을 배우고자 한다면, 기본 문법과 기능을 설명하는 문서를 접할 수 있을 것이다. 하지만 효과적인 구성 방안, 모범 사례, 검증 방법, 재사용 방안, 혹은 작업 관리 등에 대해서 배울 수는 없을 것이다. 이 것은 마치 프랑스어를 유창하게 하려고 공부하는데 단어에만 집중하고 문법이나 숙어에 대해서는 공부하지 않는 것과 같다.

이러한 이유로 필자는 이 책을 쓰게 되었다. 이 책은 독자가 테라폼을 능숙하게 사용하는 데 도움이 될 것이다. 필자는 테라폼을 초기 시점부터 사용해 왔으며, 직접 그런트웍스 (Gruntwork)에서 이 도구를 전문적으로 사용하고 있다. 또한, 많은 시간 동안 시행착오를 겪으면서 어떻게 동작하고 수행해야 하는지에 대한 방법을 터득했다. 필자의 목표는 배운 것을 공유하고, 다른 사람들이 겪는 시행착오 시간을 최소화하며, 이른 시간 안에 자유자재로 사용할 수 있도록 돕는 것이다.

물론 책을 읽는 것만으로는 능숙하게 다룰 수 없을 것이다. 프랑스어를 유창하게 하기 위해서는 많은 시간을 할애해 원어민과 이야기하고, 프랑스 TV 쇼를 보고, 프랑스 음악을 들어야 할 것이다. 테라폼 역시 능숙하게 사용하기 위해서는 코드를 작성해서 소프트웨어를 만들고, 서버에 작성된 소프트웨어를 배포해야 한다. 그러므로 사용법을 배우고 코드를 작성해 볼 뿐만 아니라 실제로 다양한 코드를 수행해 봐야 할 것이다.

이 책에서는 무엇을 다루는가?

다음은 이 책에서 다루고 있는 내용에 대한 요약이다.

Chapter 1. 왜 테라폼인가?
어떻게 데브옵스가 소프트웨어 실행 방식을 변화시키고 있는지, 코드형 인프라 도구에 대한 개요, 구성 관리 도구와 배포 도구, 그리고 서버 템플릿, 코드형 인프라의 장점, 테라폼이 셰프, 퍼핏, 앤서블, 솔트스택, 오픈스택 히트, 클라우드포메이션과의 차이점 등을 다룬다.

Chapter 2. 테라폼 시작하기
테라폼 설치, 기본적인 문법에 대한 이해, CLI 도구에 대한 이해, 웹 서버 구성 방법,

웹 서버 클러스터 구성 방법, 로드 밸런서 구성 및 배포 방법, 배포된 리소스에 대한 회수 방법 등을 알 수 있다.

Chapter 3. 테라폼 상태 관리

테라폼 상태 정보는 무엇이며, 여러 구성원이 접근하는 상태 정보를 효과적으로 관리하는 방법, 교착 상태를 방지하기 위해 상태 정보 파일을 제어하는 방법, 상태 정보 파일을 어떻게 분리하고 오류로부터 영향도를 제한하는 방법, 테라폼 프로젝트의 파일과 폴더 구조의 모범 사례, 읽기 전용 상태 정보를 사용하는 방법 등을 다룬다.

Chapter 4. 테라폼 모듈

모듈은 무엇이며, 기본 모듈 만드는 방법, 구성 가능한 모듈을 만드는 방법, 모듈의 이력 관리, 모듈의 팁과 요령, 모듈을 통한 재사용, 구성 가능한 인프라의 정의 등을 공부한다.

Chapter 5. 테라폼의 팁과 요령: 반복문, 조건문, 배포 및 주의사항

고급 테라폼 문법, 반복문, 조건문, 다중 조건문, 무중단 배포, 팁과 주의사항 등을 익힌다.

Chapter 6. 테라폼을 팀에서 사용하기

이력 관리, 테라폼 관리의 필수 정책, 개발 가이드라인, 테라폼 스타일, 테라폼의 자동화된 테스트, 문서화, 작업 절차, 테라폼을 통한 자동화 등을 알 수 있다.

책을 처음부터 끝까지 읽거나 관심과 흥미가 있는 부분을 자유롭게 장을 옮겨 가도 좋다. 이 책의 마지막에 있는 부록 A에서는 테라폼, 운영, 코드형 인프라와 데브옵스에 대해 더 많이 알 수 있는 추천 자료들이 수록되어 있다.

이 책에서 다루지 않는 것은 무엇인가?

이 책은 테라폼의 포괄적인 참조 설명서가 아니다. 모든 클라우드 플랫폼을 다 다루지 않으며, 각 클라우드 공급자의 모든 서비스 또는 테라폼에서 가능한 명령어를 전부 다루지는 않는다. 이러한 세부적인 내용을 보기 원한다면 공식 테라폼 문서를 참고하길 바란다.

해당 문서는 많은 유용한 내용을 포함하고 있지만, 테라폼, 코드형 인프라 혹은 운영에 대한 지식이 많이 없다면 어떤 것을 질문하고 찾아야 할지 어려울 것이다. 그래서 이 책에서 공식 문서가 다루고 있지 않은, 즉 다시 말해 테라폼의 기초적인 예제를 넘어 실제 환경에서 테라폼을 활용하는 방법에 대해서 다룰 것이다. 이 책은 테라폼을 사용하고자 하는 이유에 관해 토론하고, 실제 업무에 어떻게 적용할 것이며, 어떤 사례와 방법들이 해당 작업량에 잘 부합하는지에 대해 이야기할 것이다.

이러한 패턴들을 이해시키기 위해 이 책은 다양한 예제 코드들을 포함하고 있다. 최대한 이해하기 쉽게 간단하게 예제들을 구성하였으며, 다른 요소 의존성을 최소화하여 어디서든 실습할 수 있을 것이다. 실습 예제들은 기본적으로 아마존 웹 서비스(Amazon Web Services, AWS)를 사용하고 있으며, 아마존 웹 서비스 계정(가입하면 공식적으로 프리 티어가 지원된다)을 보유하고 있으면 충분하다. 또한, 하시코프의 유료 서비스인 테라폼 Pro와 Enterprise 버전에 대해서는 다루지 않을 것이다. 이 책에서 다루는 실습 예제 코드 역시 오픈 소스로 공개해 놓은 이유다.

오픈 소스 예제 코드

다음 URL에서 이 책의 실습 예제 코드를 찾을 수 있다.

> https://github.com/stitchlabio/terraform-up-and-running-code

필요하다면 깃허브(GitHub) 저장소를 등록하고 컴퓨터에 직접 예제를 다운로드할 수 있다.

> **git clone** https://github.com/stitchlabio/terraform-up-and-running-code.git

공식 코드 저장소에 있는 예제 코드는 보기 쉽도록 장마다 나누어져 있으며, 이 장의 끝부분에 코드의 구성 요소별로 어떻게 표시했는지 정보가 나와 있다. 학습 효과를 극대화하기 위해서는 직접 코드를 처음부터 작성하면서 해보는 것이 더욱 효과적이다.

실습은 2장부터 할 수 있으며, 실습을 통해 테라폼을 어떻게 사용하는지와 웹 서버의 간단한 클러스터를 구성할 수 있다. 또한, 그 이후에 각 장의 실습 지침을 참고하여 예제 웹 서버의 클러스터를 개선할 수 있다. 코드를 수정하고 직접 코드를 작성하며, 공식 예제 코드를 통해 작업을 확인하고 스스로 풀어볼 것을 권장한다.

예제 코드 활용법

이 책은 관련 업무를 하는 데에 많은 도움을 줄 것이며, 예제 코드를 실제 프로그램과 설명서를 문서화 작업할 때 사용할 수 있다. 코드의 많은 부분을 재사용하지 않는 이상 O'Reilly에 권한을 요청할 필요는 없다. 예를 들면, 이 책에 포함된 여러 개의 코드 묶음들을 프로그램 작성할 때에 사용 권한 요청을 할 필요는 없지만, O'Reilly 책을 통해 배포되거나 상업적으로 판매되는 CD-ROM에 대해서는 권한이 필요하다. 또한, 이 책과 예제 코드를 인용하는 것에 대해서도 일반적으로 허가 요청은 필요하지 않지만, 많은 양을 제품 설명에 포함하기 위해서는 허가가 필요하다. 코드 기여는 환영하지만, 필수 사항은 아니며, 저작자 표시에는 일반적으로 제목, 저자, 유통사와 ISBN이 포함된다. 예를 들면, 다음과 같다. 'Terraform: Up and Running by Yevgeniy Brikman(O'Reilly). Copyright 2017 Yevgeniy Brikman, 978-1-491-97708-8.'

만약 예제 코드를 공정하게 사용하는 것 또는 위에 명시된 사용 범위에 벗어난 것으로 판단되면 O'Reilly Media에 언제든지 연락하기 바란다.

이것은 간단한 팁이나 제안을 나타냅니다.

이것은 일반적인 보충 설명을 나타냅니다.

이것은 경고나 주의 사항을 나타냅니다.

감사의 글

조시 패드닉(Josh Padnick)

테라폼을 처음으로 소개시켜 주고 기본적인 내용과 고급 활용법을 도와주고 알려줬기 때문에 빠르게 배울 수 있었으며, 책으로 만들 수 있는 많은 지식을 제공해 주었다. 좋은 친구와 동료로서 스타트업을 함께 만들고 바쁜 회사 운영 속에서도 인생에서 즐거움을 느낄 수 있도록 해 주어서 무척이나 고맙다.

오라일리(O'Reilly) 미디어

이 책이 출판되기까지 많은 지원을 해 주어서 감사하다. 책을 읽고 쓰는 것 자체로 나의 삶을 많이 변화시켰으며, 나의 지식을 다른 사람들에게 공유할 수 있게 해 주어 감사하다. 특히, 브라이언 안데르손(Brian Anderson)에게 감사의 말을 전한다.

그런트웍스 고객

작고 알려지지 않은 회사에 기회를 주어 감사하며, 테라폼의 실험을 위해 친절하게 도움을 주고 지원을 해 주었던 것에 너무 감사하다. 그런트웍스의 미션은 소프트웨어를 개발하고 배포하는 것을 더욱 효과적으로 하는 것이며, 아직까지는 완벽하게 성공하지 못하였지만, 이 책을 통해 많은 실수를 찾을 수 있었다. 소프트웨어 세계에 기여하기 위한 대담한 시도의 일부가 되고 인내심과 의지를 주어서 감사하다.

하시코프(HashiCorp)

테라폼, 패커, 컨설, 볼트 등의 데브옵스 도구들을 개발해 주어서 감사하다. 데브옵스의 세계와 더불어 수백만 명의 소프트웨어 개발자의 삶을 향상시켰다.

키프 모리스(Kief Morris), 세스 바고(Seth Vargo), 마티아스 게스(Mattias Gees)

이 책의 초기 버전을 읽고 상세하고 건설적인 피드백을 많이 주어서 감사하다. 다양한 제안을 통해 이 책이 크게 개선되었다.

나의 부모님인 라리사(Larisa)와 몰리(Molly)

우연한 기회에 책을 쓰게 되었던 이유로 가족들과 시간을 많이 보내지 못하였지만, 이런 상황을 이해해 주고 많은 지원을 해 준 것에 대해 감사하고 사랑한다.

🦋 김상열(삼성SDS)

마침 IaC 도입을 위해 테라폼을 검토하던 중 이 책을 만나게 되어 흥미롭게 읽었습니다. 데브옵스, IaC 등을 거시적인 관점에서 설명하며, 다른 도구와 비교해서 설명하는 부분은 '왜?'라는 질문을 던질 수 있어 좋았습니다. 그리고 테라폼 환경을 구성하는 방법과 주의해야 할 사항들은 실무 도입 시 유용하게 참고할 만한 내용이라 생각됩니다.

🦋 김용현(Microsoft MVP)

클라우드를 활용한 서비스가 보편적이 되면서 데브옵스는 어느덧 개발 프로세스 철학이자 방법론이 되었습니다. 이 책은 젊고 활기찬 프로젝트인 테라폼을 이용하여 코드화된 인프라 구성 관리와 설정 자동화를 통한 실무 프로젝트의 투입 리소스 절감 효과를 볼 수 있는 좋은 시작점이라 생각합니다. 특히, 관련 지식이 없는 독자들도 쉽게 이해할 수 있도록 충분한 실습을 통해 업무에 바로 적용할 수 있는 내용을 수록하고 있습니다.

🦋 노승헌(라인플러스)

코드로 관리하는 인프라에 대한 이야기가 나온 지도 꽤 시간이 지난 것 같습니다. 그렇지만 여전히 이 분야에서 사용되는 도구들은 진화 중이고, 그중에서도 테라폼은 가장 눈부시게 발전하는 도구 중 하나입니다. 테라폼을 사용해 보지 않았거나, 체계적으로 학습해 보지 못한 분들 모두에게 좋은 길잡이가 될 수 있는 책입니다. 다만, 테라폼은 새로운 버전으로 빠르게 진행 중이므로 테라폼 공식 문서를 같이 볼 것을 권장합니다.

🦋 온수영

클라우드 환경이 보급됨에 따라 데브옵스가 이제는 서버 개발자의 필수적 경험이자 역량 지표가 된 듯합니다. 데브옵스 개발자들은 이제 서비스의 완성도와 신뢰성을 높이기 위해 테라폼을 통해 인프라도 코드화하여 관리하기 시작했습니다. 이 책은 아마존 웹 서비스 환경에서 테라폼을 통해 코드화, 형상관리, 오토 스케일링 등 데브옵스 환경에서 필수적인 관리 기법을 친절히 설명하고 있어 하나씩 따라 하며 테라폼 관련 기술을 습득하기 매우 쉽습니다.

🦋 이현수(무스마 기술연구소)

최근에 개발과 운영 전반에 아마존 웹 서비스를 사용하는 비중이 많이 늘었습니다. 아마존 웹 서비스 관리 콘솔을 돌아다니며 인스턴스를 생성하고 설정을 만져야 할 때가 있는데, 그때마다 영 어수선한 느낌이 들었습니다. 테라폼은 이러한 인프라 관리의 복잡한 문제를 해소하고, 코드로 인프라를 선언적으로 생성하고 관리하게 해 주는 편리한 도구입니다. 이번 기회를 통해 테라폼의 개념을 학습하고, 실습을 통해 곧바로 업무에 적용해서 인프라 관리상 효용을 경험할 수 있었습니다.

🦋 장성만(인코위즈)

클라우드 인프라를 코드를 이용하여 배치, 유지, 테스트하는 방법을 테라폼의 예제를 통해 명확하게 전달하고 있습니다. 이 책은 간단한 서버 구성부터 로드 밸런서, 데이터베이스, 오토 스케일링 그리고 무중단 배포와 테스팅 등을 포함하고 있어 실제 운영 문제를 해결할 수 있습니다. 아마존 웹 서비스 SDK를 사용해 본 경험이 있다면, 이 책을 통해 업무에 적용하는 데 더 실질적인 도움을 받을 수 있을 것으로 생각합니다.

1

왜 테라폼인가?

하나의 소프트웨어가 작성되어 적용되고 실사용자에게 문제없이 전달하기 위해서는 많은 단계를 거친다. 예를 들어, 개발 환경에서 문제없이 동작하고 검수 환경에서 원활한 기능 동작이 확인되었으며, 상용 환경에 배포 가능하다는 승인을 받았더라도 실제로 사용자에게 **전달**되기 전까지는 소프트웨어 개발과 구성이 완료되었다고 할 수 없다.

소프트웨어의 전달(Software Delivery)은 사용자가 제작된 코드를 원활히 사용할 수 있게 하는 데 필요한 모든 작업 단계를 포함한다. 예를 들어, 상용 환경 서버에 코드를 적용한다거나, 장애와 순간적인 대규모 트래픽을 수용할 수 있도록 코드를 탄력적으로 구성하거나, 외부 공격에 보호받을 수 있도록 보안 사항을 추가하는 작업 등이 포함된다. 테라폼의 자세한 기능을 설명하기 전에 소프트웨어 전달의 거시적 단계에서 테라폼의 활용 범위를 파악할 필요가 있다.

이번 장에서는 다음과 같은 주제를 다룬다.

- 데브옵스
- 코드형 인프라란 무엇인가?
- 코드형 인프라의 장점
- 테라폼의 동작 방식
- 테라폼이 다른 코드형 인프라 도구와 다른 점은 무엇인가?

데브옵스

불과 몇 년 전까지도 소프트웨어를 구성하기 위해서는 많은 물리 장비들을 직접 관리하고 운영해야 했다. 데이터 센터에 서버 랙과 물리 서버들을 위치시키며, 네트워크 연결 작업, 항온·항습부터 전력 이중화까지 여러 물리적인 작업을 고려해야 했다. 일반적으로는 서버 운영을 책임지는 운영조직(Ops)이 이와 같은 작업을 담당하고, 구성된 서버에 올라가는 소프트웨어를 개발하고 기능을 개선하는 일은 개발조직(Dev)에서 담당한다.

이와 같은 구조에서 서비스를 할 때는 개발팀이 애플리케이션을 개발하고 배포할 수 있도록 구성(Build)하고, '보이지 않는 벽'을 통해 역할과 책임을 함께 운영 조직으로 넘긴다. 그 후 운영 조직이 직접 애플리케이션의 배포와 동작 방법을 파악하여 서비스를 수행하게 된다. 사실 이러한 절차는 서버를 위치시키고 케이블을 구성하는 물리적 작업이 동반되므로 팀 간에 역할 분리가 불가피했다. 운영 조직 안에서도 물리적인 작업 이외에 소프트웨어 설치와 동작을 위한 의존성이 있는 패키지 설치 등 코드 스크립트 작업도 존재하지만, 대부분은 물리적인 작업처럼 담당자가 수동으로 수행하였다.

이러한 절차는 꽤 오랫동안 변화되지 않았고 서비스 규모가 급속도로 커지는 상황에서는 용량 관리와 증설 계획을 꼼꼼히 준비하였어도 대응이 쉽지 않았다. 실제로 소프트웨어의 서비스 투입 절차가 수동으로 이루어지므로 서버의 수가 많을수록 배포는 느려지고 다양한 변수가 생겨 작업이 쉽지 않았다. 만약 운영 조직의 실수로 **일부 서버의 설정이 달라지면**, 서비스가 불안정해져 품질에 대한 사용자들의 불만으로 이어진다. 결과적으로 많은 **이상 현상**들이 나타나며, 개발 조직이 '개발 환경에서는 잘 돌아가서 어떤 문제인지 알기 어렵다'라고 하면 장애 현상이 심해지고 점검 시간이 점점 늘어나며 서비스 문제도 자주 발생하게 된다.

이렇게 매 서비스 릴리즈(Release) 후 새벽 장애 대응까지 하면 운영 조직은 릴리즈 주기를 일주일에 한 번으로 바꾸게 되고, 점차 한 달에 한 번, 반년에 한 번까지 바꾸게 된다. 긴 주기에 한 번 릴리즈를 하게 되면 모든 팀이 모여서 프로젝트의 코드를 통합할 때 코드 충돌이 일어날 수밖에 없게 되고, 결국 아무도 품질을 안정화할 수 없게 된다. 이에 따라 서로의 이해관계에 불만이 발생하며, 이러한 불협화음들은 서비스 품질에 직접적인 영향을 주어 회사 비즈니스에도 영향을 미친다.

하지만 최근에 많은 회사가 직접 데이터 센터를 관리하지 않고 클라우드를 사용하면서 개발과 운영이 분리되었던 환경에 많은 변화가 이루어지고 있다. 아마존 웹 서비스(Amazon Web Services, AWS), 마이크로소프트 애저(Microsoft Azure), 구글 클라우드(Google Cloud)를 통해 물리 장비 관리에 쏟던 시간 대부분을 소프트웨어 구성과 형상 관리, 그리고 배포 자동화 도구와 방법을 고민하게 되었다. 또한, 시스템 운영 업무 역시 해당 도구들로 서비스 정책을 고려하여 자동화를 통해 코드 형태로 형상을 관리하는 업무로 점점 변화하고 있다.

결과적으로, 소프트웨어를 구성하기 위해 개발과 운영 조직이 함께 일해야 하는 시간이 많아졌으며, 두 팀 간의 경계도 허물어지고 있다. 회사 정책에 따라서 개발 조직은 애플리케이션 코드 개발의 책임, 운영 조직은 운영 책임으로 명확하게 나뉜 곳도 있으나, 서로 간의 업무를 예전보다 더 많이 공유하며, 함께 일하고 함께 문제를 해결해야 한다는 것은 모두 다 공감하는 부분이 되었다. 이런 변화와 움직임이 데브옵스(DevOps)가 등장한 배경이다.

데브옵스는 프로세스와 방법 그리고 기술의 집합이며, 어느 조직의 이름이나 직책, 특정 기술을 대표하지 않는다. 많은 사람이 데브옵스의 의미를 꽤 다르게 정의하고 있지만, 이 책에서는 다음과 같이 정의한다.

> 데브옵스의 목적은 소프트웨어를 전달하기 위한 절차와 방법을 훨씬 더 효율적으로 만드는 것이다.

데브옵스는 소스 코드를 매번 수동으로 통합하고 오류를 눈으로 검출해야 하는 악몽에서 벗어나 코드를 지속해서 통합하고 이상 유무를 자동으로 검증하며, 항상 배포 가능한 상태로 만들 수 있다. 한 달에 한 번 배포 작업이 있었다면, 이제는 하루에 수십 번 혹은 코드를 커밋(commit)할 때마다 배포할 수 있게 되었다. 또한, 서비스 장애와 중지 시간을 고려하여 자동으로 복구할 수 있도록 구성되었으며, 자동으로 복구하지 못할 때는 시스템을 통한 모니터링과 경고로 문제 상황을 충분히 감지할 수 있게 되었다.

이러한 데브옵스로의 변화를 실천에 옮기고 있는 회사의 결과는 매우 놀랍다. 예를 들어, 노드스트롬(Nordstrom)사에서는 데브옵스의 모범사례를 조직에 도입하여, 한 달에 기능 업데이트를 두 배 정도 더 할 수 있었다. 또한, 결함을 절반으로 줄였으며, **서비스 기획부터 개발과 상용 적용까지의 시간**을 60% 줄일 수 있었다. 또한, 상용 서비스 환경에서 발생하는 문제를 60~90% 줄었다. 그리고 HP의 레이저젯(LazerJet) 펌웨어를 개발하는 조직에서는 개발자들이 실제로 업무에서 신규 기능을 개발하는 시간이 5%에서 40%로 증가했으며, 전체 개발 비용도 40% 절감할 수 있었다. 엣시(Etsy)에서는 문제가 자주 발생하던 스트레스가 높고 비정기적인

배포 절차를 데브옵스 사례를 적용하여 하루에 25~50번 배포하더라도 문제가 드물게 일어 났다.[1]

데브옵스의 움직임에는 문화, 자동화, 측정, 공유라는 네 가지 핵심 가치가 존재한다(CAMS, http://devopsdictionary.com/wiki/CAMS). 이 책에서는 데브옵스에 대한 포괄적인 내용(Appendix A를 확인할 것)은 다루지 않으며, 자동화 부분에 집중한다.

목적은 최대한 소프트웨어 배포 절차를 자동화하는 것이며, 웹페이지를 일일이 클릭하거나 시스템 명령어를 수동으로 수행하며 인프라를 관리하는 것이 아니라 코드 형태로 관리한다는 뜻이다. 이것이 일반적인 코드형 인프라의 개념이다.

코드형 인프라란 무엇인가?

코드형 인프라(Infrastructure as Code, IaC)란 코드 형태로 인프라를 작성, 정의, 배포, 업데이트하는 것을 의미한다. 물리 장비를 설정하는 것뿐만 아니라 모든 운영을 코드 형태로 한다는 인식 전환이 중요하다. 실제로 데브옵스는 서버, 데이터베이스, 네트워크, 로그 파일, 애플리케이션 설정, 자동화된 검증 절차, 배포 방법 등 **모든 것**을 코드 형태로 관리한다.

IaC 도구들은 크게 네 가지 범주로 나뉘며, 하나씩 상세하게 다룬다.

- 애드 혹 스크립트
- 구성 관리 도구
- 서버 템플릿 도구
- 서버 프로비전 도구

애드 혹 스크립트

가장 간단하게 코드 형태로 자동화를 구현할 수 있는 것은 즉각적인 호출과 응답을 할 수 있는 스크립트를 만드는 것이다. 수동으로 작업하는 것을 절차별로 정의한 다음에 스크립트 언어(배시, 루비, 파이썬 등)로 구현하고 대상 장비에서 수행한다.

---

1 《데브옵스 핸드북: 세계 최고 수준의 기민성, 신뢰성, 안정성을 갖춘 기술조직의 비밀(The DevOps Handbook: How to Create World-Class Agility, Reliability, and Security in Technology Organizations)》(진 킴, 제즈 험블, 패트릭 드부아, 존 윌리스 지음, 김영기, 김나리 옮김, 에이콘출판, 2018)

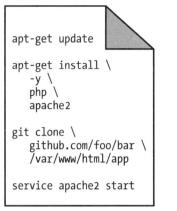

애드 혹 스크립트

그림 1-1 서버에서의 애드 혹 스크립트 동작 방식

예를 들면, 다음과 같이 의존성을 확인하여 설치하면 깃(git) 저장소로부터 코드를 내려받으며, 아파치 웹 서버를 시작하는 **setup-webserver.sh**라는 배시(Bash) 스크립트를 볼 수 있다.

```
# Update the apt-get cache
sudo apt-get update

# Install PHP
sudo apt-get install -y php

# Install Apache
sudo apt-get install -y apache2

# Copy the code from the repository
sudo git clone https://github.com/brikis98/php-app.git /var/www/html/app

# Start Apache
sudo service apache2 start
```

애드 혹 스크립트는 대중적인 프로그래밍 언어를 사용하여 원하는 어떤 것이라도 개발할 수 있지만, 모든 것을 직접 개발해야 한다. 코드형 인프라를 위해 개발된 도구들은 일반적으로 복잡한 작업을 수행하는 데 간결한 API를 제공하지만, IaC 도구가 아닌 일반적인 프로그래밍 언어를 사용한다면 모든 작업에 대해 직접 코드를 작성해야 한다. 또한, IaC는 일반적인 코드와 같이 자유로운 형태로 작성하는 것이 아닌 특정 코드 구조와 문법 형태에 따라서 작성하도록 만들어졌다. 웹 서버 한두 대를 배포하는 것에 대해서는 일반 코드 형태도 큰 문제는 아니지만, 수많은 서버와 데이터베이스, 부하 분산 장치, 네트워크 설정을 관리하기 위해서는 혼란

스러울 수밖에 없다. 만약 누군가의 애드 혹 스크립트를 운영해 본 적이 있다면 스크립트를 이해하기도 쉽지 않으며, 거의 항상 유지 보수가 불가능한 스파게티 코드가 되었던 경험이 있을 것이다. 결론적으로 애드 혹 스크립트는 규모가 작거나 단발성 작업에 적합하며, 모든 장비를 코드 형태로 관리할 계획이 있다면, 대규모 인프라 관리 목적에 의해 개발된 IaC 도구를 통해 관리해야 한다.

구성 관리 도구

세프(Chef), 퍼핏(Puppet), 앤서블(Ansible), 솔트스택(Saltstack)은 **구성 관리 도구**에 속하며, 서버에 소프트웨어를 설치하거나 관리하는 목적으로 사용한다. 예를 들어, 이전에 본 아파치 웹 서버를 설치하는 배시 스크립트와 동일한 작업을 하는 **앤서블 롤**(Role)은 다음과 같다.

```
- name: Update the apt-get cache
  apt:
    update_cache: yes

- name: Install PHP
  apt:
    name: php

- name: Install Apache
  apt:
    name: apache2

- name: Copy the code from the repository
  git: repo=https://github.com/brikis98/php-app.git dest=/var/www/html/app

- name: Start Apache
  service: name=apache2 state=started enabled=yes
```

구성 관리 도구의 코드는 배시 스크립트와 비슷하나 더 많은 장점을 제공한다.

코딩 규칙

앤서블은 문서화, 파일 배열 구성, 명확히 정의된 변수, 암호화 관리를 포함하여 일관성 있고 예측 가능한 구조로 개발하도록 구성되어 있다. 모든 개발자와 운영자가 각각 애드 혹 스크립트의 관리 방법이 달랐다면 코드 작성 규칙을 통해 더욱더 쉽게 읽고 관리할 수 있다.

멱등성

애드 혹 스크립트를 개발하는 작업 자체는 어렵지 않다. 하지만 단발성 스크립트가 아니라 지속해서 수행해야 한다면 폴더가 이미 생성되어 있는지, 설정 값에 특정 변수가 이미 선언되어 있는지 애플리케이션이 이미 실행 중인 모든 상황을 고려해서 개발하고 수행하여야 한다.

멱등성은 같은 코드라면 수행 횟수에 상관없이 결괏값은 항상 같아야 한다는 의미다. 배시 스크립트에서 멱등성을 구현한다고 하면 앞에서 설명한 많은 고려사항을 조건문으로 처리해야 한다. 앞의 앤서블 롤에 따른 동작 방식을 예로 들면, 아파치가 설치되어 있지 않을 때만 아파치의 설치를 진행하고, 웹 서버가 동작하고 있지 않을 때는 아파치를 실행시키는 방식이다. 결론적으로 몇 번을 수행하더라도 항상 같은 형상과 멱등성이 유지된다.

분산형 구조

애드 혹 스크립트는 소규모, 단발성에 적합하며, 앤서블을 포함한 다른 구성 관리 도구들은 그림 1-2처럼 대규모의 분산 환경을 관리할 수 있도록 설계되어 있다.

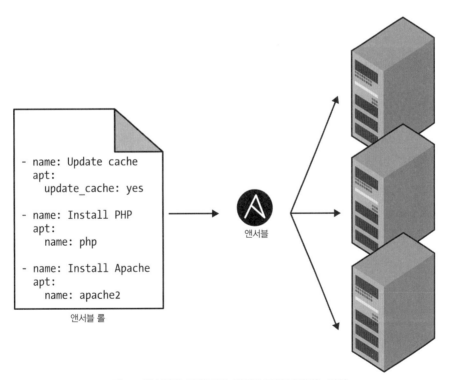

그림 1-2 앤서블을 통해 다중 서버를 구성 관리하는 방안

예를 들어, 간단하게 다음의 IP를 갖는 5대의 서버를 앤서블을 통해 같은 설정의 웹 서버로 구성할 수 있다.

```
[webservers]
11.11.11.11
11.11.11.12
11.11.11.13
11.11.11.14
11.11.11.15
```

그리고 다음과 같이 **앤서블 플레이북(playbook)**을 정의하면 된다.

```
- hosts: webservers
  roles:
- webserver
```

마지막으로 다음과 같이 수행한다.

```
ansible-playbook playbook.yml
```

이렇게 앤서블을 수행하게 되면 5대의 서버에 병렬로 수행되며, 무중단 서비스를 위해 롤링(rolling) 배포로 순차적으로 적용하고자 할 때 serial이라는 변수를 플레이북에 정의하면 된다. 예를 들어, serial 값을 2로 설정한다면 앤서블은 한 번에 서버 2대에 작업을 수행한다는 의미다. 애드 혹 스크립트에서 이러한 작업을 수행한다고 하면 수십, 수백 줄의 추가 코드가 들어가야 한다.

서버 템플릿 도구

구성 관리 도구의 대안으로 말할 수 있는 것은 도커(Docker), 패커(Packer), 베이그란트(Vagrant) 등의 **서버 템플릿 도구**다. 많은 서버를 배포하고 같은 코드를 서버마다 같은 설정으로 동일하게 수행하는 것이 아니라 소프트웨어와 수행 시에 필요한 설정과 의존성 있는 프로그램들을 포함한 특정 시점에 운영 체제와 함께 스냅샷(Snapshot)하여 템플릿 **이미지화**하는 것이다. 그림 1-3처럼 특정 IaC 도구를 통해 서버에 템플릿 이미지를 배포하고 서비스를 구성할 수 있다.

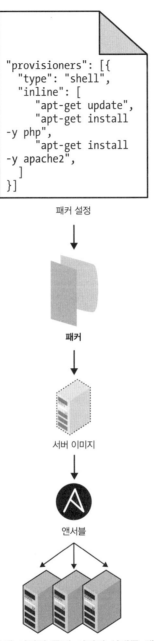

```
"provisioners": [{
  "type": "shell",
  "inline": [
      "apt-get update",
      "apt-get install
-y php",
      "apt-get install
-y apache2",
  ]
}]
```

패커 설정

패커

서버 이미지

앤서블

그림 1-3 패커 서버 템플릿 도구를 통해 서버의 특정 시점의 상태를 템플릿 이미지화한 다음, 앤서블 배포 도구를 통해서 모든 서버로 배포

이미지에 대해서는 다음과 같이 크게 두 분류로 나눌 수 있다.

가상 머신

가상 머신(Virtual Machine, VM)을 통해서 하드웨어 레벨의 연관 관계를 포함한 시스템의 정보를 이미지화할 수 있다. VM웨어(VMware), 버추얼박스(VirtualBox) 또는 패러랠스(Parallels) 같은 **하이퍼바이저(Hypervisor)**를 통해 CPU, 메모리, 물리 디스크와 네트워크를 가상화할 수 있다. **가상 머신 이미지**의 장점은 하이퍼바이저가 구성된 환경이라면 개발, 준비, 상용 환경의 어느 곳에서라도 동일하게 배포, 수행할 수 있을 뿐만 아니라 가상 머신을 다른 리소스와 독립적으로 분리하여 운영할 수 있다. 하지만 단점으로 하드웨어 위의 가상화 계층에서 서로 격리된 공간을 할당해야 하므로 CPU와 메모리의 오버헤드를 일으킬 수밖에 없고 가상 머신이 준비되고 배포할 때 걸리는 시간의 부담이 있다.

컨테이너

컨테이너(Container)는 운영 체제의 사용자 영역만 에뮬레이트(emulate)한다.[2] 만약 도커나 코어OS(CoreOS)가 제공하는 **rkt**를 사용한다면 독립된 프로세스, 메모리, 네트워크와 마운트 정보들을 묶음으로 만들 수 있다. 컨테이너의 장점은 어느 환경이든 컨테이너 엔진만 있다면 별도의 사용자 공간을 가질 수 있다. 어느 곳이든 같은 형태대로 서비스를 유지할 수 있으며, 가상 머신과 같이 운영 체제 영역을 함께 가상화하는 것이 아니므로 오버헤드도 적고 가볍다.[3] 하지만 운영 체제 커널과 물리적인 영역을 함께 공유해야 하므로 보안상 더 취약할 수밖에 없다.

---

2   대부분의 최신 운영 체제에서 코드는 커널 영역과 사용자 영역이라는 두 개의 '영역' 중 하나에서 실행된다. 커널 영역에서 실행되는 코드에는 모든 하드웨어에 대해 권한 제한이 없고 직접 접근할 수 있다. 또한, 보안 제한 사항도 없으며(즉, CPU 명령을 실행하거나 하드 드라이브의 일부에 액세스하거나 메모리 임의의 주소에 쓸 수 있다), 안전 제한(커널 영역의 충돌로 인해 일반적으로 전체 컴퓨터가 손상될 수도 있다)도 없다.
   따라서 커널 영역은 일반적으로 운영 체제에서 가장 낮은 수준의 가장 신뢰할 수 있는 기능(일반적으로 커널이라고 한다)을 위해 예약되어 있다. 사용자 공간에서 실행되는 코드는 하드웨어에 직접 액세스할 수 없으므로 대신 운영 체제 커널에 의해 공개된 API를 사용해야 한다. 이러한 API는 보안 제한(예: 사용자 권한)과 안전성(예: 사용자 공간 앱의 충돌이 해당 앱에만 영향을 미침)을 실행할 수 있으므로 모든 애플리케이션 코드가 사용자 공간에서 실행된다.

3   일반적으로 컨테이너는 자체 코드를 격리하여 실행할 수 있는 수준을 제공하지만, 악의적인 행동을 할 수도 있는 제3자 코드(예: 자체 클라우드 공급자를 구축하는 경우)를 실행해야 하는 경우, VM의 강화된 격리 수준을 원할 것이다.

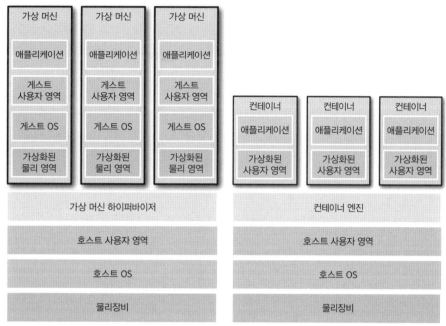

그림 1-4 가상 머신(왼쪽)과 컨테이너(오른쪽)의 차이. 가상 머신은 하드웨어를 가상화하고, 컨테이너는 사용자 영역만 가상화한다

다음은 실제로 패커로 웹 서버용 **아마존 머신 이미지**(AMI, Amazon Machine Image)를 제작하는 **web-server.json** 설정 파일이다.

```json
{
  "builders": [{
    "ami_name": "packer-example",
    "instance_type": "t2.micro",
    "region": "us-east-1",
    "type": "amazon-ebs",
    "source_ami": "ami-40d28157",
    "ssh_username": "ubuntu"
  }],
  "provisioners": [{
    "type": "shell",
    "inline": [
      "sudo apt-get update",
      "sudo apt-get install -y php",
      "sudo apt-get install -y apache2",
      "sudo git clone https://github.com/brikis98/php-app.git /var/www/html/app"
    ]
  }]
}
```

패커를 통해 앞에서 언급한 **setup-webserver.sh**와 같은 역할을 하는 템플릿 설정이다.[4] 한 가지 다른 점이 있다면 패커 설정에서는 아파치 서버를 시작하지 않는다. 일반적으로 서버 템플 릿으로 이미지화한다는 것은 소프트웨어 설치까지의 단계를 담당함을 의미한다. 또한, 소프트 웨어의 실행은 이미지를 통해 서버를 시작하는 단계에서 수행하도록 설정함을 의미한다.

packer build web-server.json 명령어로 AMI를 생성할 수 있으며, 생성 작업이 완료되면 해당 AMI를 통해 아마존 웹 서비스 서버 여러 대를 동시에 생성할 수 있다. 또한, 각 서버가 시작 될 때(다음 예시 참고) 아파치가 실행되도록 설정할 수 있다.

다양한 서버 템플릿 도구마다 각각 다른 목적을 가진다. 패커는 아마존 웹 서비스에서 AMI를 통해 상용 환경 서버를 구성할 때 사용되는 가장 대중적인 서버 템플릿 도구다. 베이그란트는 개발 환경을 구성한 PC에서 버추얼박스를 통해 이미지를 만들기에 적합한 도구다. 도커는 독 립적인 애플리케이션에 대한 이미지를 생성할 때 적합하다. 도커 이미지는 도커 엔진만 구성 되어 있다면 상용 환경과 개발 환경에 함께 사용할 수 있으며, 앞서 언급된 도구를 통하여 도 커 엔진을 구성할 수 있다. 도커로 애플리케이션을 배포하는 단계를 예로 들면, 패커를 통해 도커 엔진을 설치한 AMI를 구성 및 배포한 다음 각 애플리케이션의 컨테이너를 함께 배포하 여 컨테이너 클러스터 구성을 쉽게 할 수 있다.

서버 템플릿은 **변하지 않는 인프라**(Immutable Infrastructure)의 주요한 기능이며, 이것은 함수형 프로그램처럼 가변적인 변수를 제거하여 항상 값을 불변으로 유지한다. 무엇을 수정하려고 할 때 새로운 값으로 정의해야 하며, 이렇게 정의된 값은 절대 변하지 않기 때문에 개발할 때 다양한 장점이 존재한다. 변하지 않는 인프라 역시 비슷한 개념이며, 서버를 한번 배포하면 해 당 서버는 절대 변하지 않는 설정을 가진다. 만약에 새로운 버전의 소프트웨어 업데이트가 필 요하다면 새로운 서버를 위한 새로운 이미지를 작성해야 한다. 이미 배포된 서버의 설정은 절 대 변경되지 않으므로 배포된 내용을 알아내는 작업은 매우 간단해진다.

서버 프로비전 도구

구성 설정 도구와 서버 템플릿 도구가 각 서버에 코드를 정의하기 위해 사용되었다면, 테라폼, 클라우드포메이션(CloudFormation), 오픈스택 히트(Openstack Heat)는 **서버 자체를 구성하기 위 한 도구**다. 그림 1-5와 같이 서버뿐만 아니라 데이터베이스, 캐시, 네트워크 징비, 시브넷 설정,

---

4 배시의 대안으로 패커, 앤서블 또는 셰프와 같은 구성 관리 도구를 사용하여 이미지를 구성할 수도 있다.

라우팅 정책, SSL 인증서, 방화벽 등 서비스를 이루고 있는 다양한 리소스를 생성하고 관리할
수 있다.

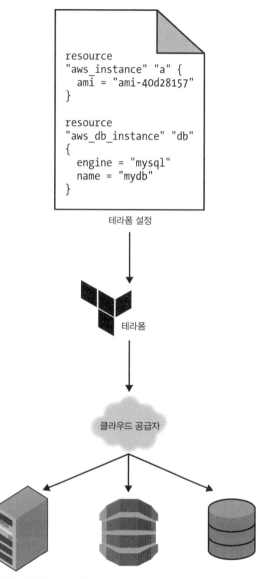

```
resource
"aws_instance" "a" {
  ami = "ami-40d28157"
}

resource
"aws_db_instance" "db"
{
  engine = "mysql"
  name = "mydb"
}
```

테라폼 설정

테라폼

클라우드 공급자

그림 1-5 서버 프로비전 도구를 사용하여 클라우드 환경에 서버, 데이터베이스, 네트워크 등의 인프라 리소스를 생성한다

예를 들면, 다음과 같은 테라폼 코드를 통해서 웹 서버를 구성할 수 있다.

```
resource "aws_instance" "app" {
  instance_type     = "t2.micro"
  availability_zone = "us-east-1a"
  ami               = "ami-40d28157"

  user_data = <<-EOF
              #!/bin/bash
              sudo service apache2 start
              EOF
}
```

테라폼의 문법과 구성 방법에 아직 익숙하지 않더라도 걱정하지 말자. 여기서는 두 가지 매개변수만 이해하면 된다.

AMI

ID 형태로 구성되어 있으며, 서버에 배포할 때 기본이 되는 이미지 정보다. 이 AMI ID 는 패커를 통해서 PHP, 아파치와 애플리케이션 코드를 구성한 **web-server.json**으로 만들어진 값이다.

user_data

배시 스크립트로 작성되어 있으며, 웹 서버가 부트할 때 아파치와 함께 시작하도록 설정할 수 있다.

결론적으로 이 코드와 같이 서버 프로비전 도구와 서버 템플릿 도구를 함께 사용해서 변하지 않는 인프라를 구성할 수 있다.

코드형 인프라의 장점

지금까지 코드형 인프라의 각 항목과 항목별로 어떠한 특성이 있는지를 알아보았다. 하지만 실제로 코드형 인프라를 도입하는 것과 관련해 왜 이러한 도구를 배워야 하고, 코드화해서 인프라를 관리해야 하는지 궁금할 것이다. 그에 대한 답변은 코드 형태의 관리는 매우 효과적이라는 것이다. 수동 작업을 코드 형태로 변환하는 첫 과제만 넘어선다면 소프트웨어 전달에 극적인 효율성을 느낄 수 있다. 2016년도에 발표된 데브옵스 리포트(https://puppet.com/resources/whitepaper/2016-state-of-devops-report)에 따르면 조직에서 코드형 인프라와 같은 데브옵스를 적용하였을 때 배포 주기는 200배 이상 빨라졌고, 장애 복구 시간은 24배 빨라졌으며, 개발에서 상용 서비스 적용을 위해 거쳐야 하는 프로세스가 2천 배 이상으로 줄어들었다.

이렇게 인프라를 코드로 관리할 때, 다양한 소프트웨어 엔지니어링 방법들을 모색할 수 있다. 다음과 같은 방법으로 소프트웨어 전달 효율성을 높일 수 있다.

셀프서비스

조직 대부분은 코드를 수동으로 배포하고 소프트웨어 배포와 상용 환경에서 실제 작업을 수행하는 서비스 운영 담당자는 적은 인원(주로 단 한 명)이다. 이러한 구조가 회사가 성장할 때 가장 큰 병목 현상이 된다. 만일 코드 형태로 관리하고 배포 절차를 자동화하면 개발자가 원하는 시점에 배포할 수 있다.

속도와 안정성

만일 배포 절차가 자동화된다면, 운영자가 수동으로 배포하지 않고 컴퓨팅 리소스가 신속하게 배포하므로 속도와 안정성이 눈에 띄게 향상될 것이다. 자동화된 프로세스는 더욱 일관성 있게 반복할 수 있으며, 수동 오류를 줄일 수 있다.

문서화

인프라의 상태 정보가 시스템 관리자의 머릿속에만 저장된 것이 아닌 누구나 읽을 수 있고 볼 수 있다면, 코드형 인프라 자체가 문서로 만들어진 형태라 할 수 있다. 시스템 관리자가 휴가를 가더라도 모든 사람과 조직이 어떻게 동작하는지 알 수 있다.

버전 관리

코드형 인프라 파일 역시 버전 관리를 할 수 있다. 이 말은 인프라의 변경 사항과 커밋 로그 등을 남길 수 있다는 의미다. 변경 사항에 이력을 남길 수 있다는 것은 추후 문제가 발생하였을 때 어떤 부분이 변경 혹은 적용되었는지 알 수 있고, 이전 정보로 되돌려 문제 현상을 빠르게 복구할 수 있다는 것이다.

확인 및 검사

인프라 상태를 코드 형태로 관리하여 변경되는 모든 것을 코드로 남긴다면 인프라의 변경 사항 역시 코드 리뷰를 할 수 있으며, 자동화된 형태로 유효성 검사를 할 수 있다. 또한, 분석 도구를 통해 코드의 적용 가능 유무를 확인할 수 있다. 이러한 자동화된 확인 및 검사 단계를 통해서 결함 가능성을 크게 낮출 수 있다.

재사용성

인프라를 코드화하여 모듈화할 수 있다면 모든 배포 단계와 환경에서 처음부터 시작할 필요 없이 공통된 사항들을 재사용할 수 있다. 검증된 것, 문서로 만들어진 것을 활용하여 서비스에 맞게 구성할 수 있다.[5]

운영 관리의 편안함과 행복

다른 부분도 중요하지만, 운영의 효율화와 편안함이 코드형 인프라 도입에서 가장 중요하다. 코드를 배포하고 인프라를 수동으로 관리하는 것은 매우 반복적이고 지루한 일이다. 개발자와 운영자는 반복적인 업무가 수행될수록 독창적이며 새로운 것에 대한 도전과 변화가 없으므로 발전하기 어렵다. 언젠가 사고가 발생하기 전까지는 아무도 배포 단계와 작업 절차를 신경 쓰지 않을 것이다. 하지만 이것은 건강하지 못한 환경이며, 문제가 발생했을 때 되돌리기 매우 어렵다. 코드형 인프라는 자동으로 최대한 단순 반복 작업을 하도록 지원하며, 운영자와 개발자가 가장 가치 있는 일(기능 개발, 개선 작업)에 집중할 수 있도록 한다.

이런 장점들로부터 코드형 인프라가 왜 중요한지를 파악했다. 다음으로 왜 테라폼이 코드형 인프라를 이루는데 적합한 도구이며, 왜 필요한지를 설명한다. 테라폼의 동작 방법과 셰프, 퍼핏, 앤서블 등 다른 유명한 IaC 도구와 비교하면서 궁금한 부분의 답을 찾을 수 있을 것이다.

테라폼의 동작 방식

테라폼이 어떻게 동작하는지 높은 수준의 단순화된 보기를 통해 설명한다. 테라폼은 Go로 프로그래밍 되어 있는 오픈 소스 도구다. Go 코드는 하나의 바이너리로 컴파일되어 있고, terraform이라는 명령어로 수행할 수 있다.

이 바이너리 파일은 빌드 서버뿐만 아니라 데스크톱, 노트북 등 어느 환경에서도 사용할 수 있으며, 다른 추가 리소스는 필요하지 않다. 테라폼 바이너리를 통해 코드에 정의된 아마존 웹 서비스, 마이크로소프트 애저, 구글 클라우드, 오픈스택과 같은 **공급자**가 제공한 API를 통해 호출을 만든다. 이 뜻은 테라폼이 공급자가 제공하는 API 서버 리소스를 활용함을 의미하

---

5   그런트웍스 인프라스트럭처 패키지(http//bit.ly/2lQt2UP)를 참조할 것

며, 추가 인프라에 대해서는 고민할 필요가 없다.

어떻게 테라폼이 API 호출을 만드는 것인지는 다음의 예처럼 **테라폼 설정 값**을 통해서 확인할 수 있다. 이 설정 파일이 만들고자 하는 인프라에 대한 정보를 포함한 문서이며, 코드형 인프라를 만들어 주는 방법이다.

```
resource "aws_instance" "example" {
  ami           = "ami-40d28157"
  instance_type = "t2.micro"
}

resource "dnsimple_record" "example" {
  domain = "example.com"
  name   = "test"
  value  = "${aws_instance.example.public_ip}"
  type   = "A"
}
```

테라폼 코드에 대한 경험이 없더라도 위의 코드를 읽고 이해하는 데는 어렵지 않을 것이다. 이 짧은 코드는 테라폼을 통해 아마존 웹 서비스에 API 호출을 하여 서버를 배포한 다음, DNSimple API를 통해 해당 서버 IP를 example.com 도메인의 DNS A 레코드로 추가한다. 문법이 쉽고 간단한 테라폼 코드를 사용하여, 여러 클라우드 공급자 간에 상호 연결된 리소스를 배포할 수 있다(자세한 규칙은 2장에서 다룬다).

서버, 데이터베이스, 네트워크 장비와 형상(topology)을 포함한 모든 인프라를 코드 형태로 관리할 수 있으며, 설정 정보에 대한 파일을 버전 관리할 수 있다. 또한, 테라폼 명령어를 수행하여 인프라를 배포할 수 있다. 테라폼 바이너리는 클라우드 공급자 API에 맞도록 코드를 변환해서 수행하며, 사용자를 대신하여 최대한 효과적으로 API 호출이 이루어지도록 한다. 다음 그림 1.6을 참고한다.

팀 구성원이 인프라 변경이 필요하다고 하면, 수동으로 리소스를 변경하는 것이 아니라 테라폼 설정을 변경하고 코드 리뷰를 통해서 변경 관리를 한다. 그리고 확인 후 문제가 없으면 버전 관리 시스템을 통해 코드를 업데이트한다. 그 후 terraform apply 명령을 통해 테라폼이 변경된 사항에 맞춰서 API를 변환, 수행할 수 있도록 한다.

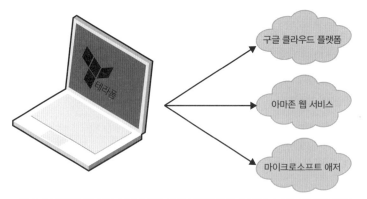

그림 1-6 테라폼 클라우드 공급자의 **API**를 변환하여 수행될 수 있도록 제공한다

클라우드 공급자 간의 투명한 호환성

테라폼이 여러 클라우드 공급자를 지원하면서 공급자 간에 호환할 수 있는 지가 주요 화두로 떠올랐다. 테라폼으로 아마존 웹 서비스에 구성된 수십 대의 서버, DB, 네트워크 장비들을 몇 번의 클릭으로 애저, GCP에 같이 배포할 수 있을까? 하지만 이 질문에는 약간의 함정이 존재한다. 현실적으로 다른 클라우드 공급자는 같은 환경에 있지 않으며, 같은 서비스의 기능, 설정, 관리 방법, 보안, 확장성, 가용성 등이 제공되지 않는다. 클라우드 공급자가 100% 같은 기능을 제공하지 않는 한 완벽한 호환은 가능하지 않다. 테라폼의 접근 방법은 공급자별로 코드를 작성할 수 있게 하고 공급자별로 독립적인 기능들을 사용하게 하며, 같은 도구와 언어로 모든 공급자를 제어하는 것이다.

테라폼이 다른 코드형 인프라 도구와 다른 점은 무엇인가?

코드형 인프라 도구들은 매우 다양하고 훌륭하지만, 요구사항에 맞게 도구를 선택하는 일은 쉽지 않다. 많은 IaC 도구들은 기능들이 겹치며, 오픈 소스이고 상용 환경을 지원한다. 각 도구를 사용해 보지 않았다면 어떤 것을 골라야 하는지 기준이 명확하지 않을 것이다. 선택하는 작업이 특히 더 어려운 이유는 모든 도구는 목적이 비슷해 보이고 어떤 것을 사용하더라도 비슷한 결과를 낼 것 같기 때문이다. 사실 기술적으로는 맞지만 도움이 되지 않는 경우도 있다. 예를 들면, 프로그래밍 초보자에게 PHP, C 또는 어셈블리로 웹사이트를 성공적으로 구축할 수 있다고 말하는 것과 비슷하며, 좋은 결정을 내리는 데에 많은 필수적인 부분을 생략한 것이다. 이번에는 테라폼, 셰프, 앤서블, 솔트스택, 클라우드포메이션, 오픈스택 히트처럼 잘 알려진 구성 관리, 배포 도구에 대해서 깊이 있게 비교할 것이다. 또한, 테라폼이 왜 그런트웍스(Gruntworks)에 좋은 선택이 되었으며, 어떤 의미로 이 책을 쓰게 되었는지 설명한다.[6] 모든 기술적인 결정과 마찬가지로 기회비용과 우선순위의 문제이며, 기준점은 다를 수 있겠지만 이러한 프로세스를 통해 더욱 좋은 결정을 하도록 도움이 되었으면 한다.

다음과 같은 주요 비교 사항이 있다.

- 구성 관리 vs 배포 도구
- 가변적인 인프라 vs 변하지 않는 인프라
- 절차적 언어 vs 선언형 언어
- 마스터 유무
- 에이전트 유무
- 커뮤니티 규모
- 성숙한 기술 vs 신규 기술

구성 관리 vs 배포 도구

앞에서 언급하였듯이 셰프, 퍼핏, 앤서블, 솔트스택은 구성 관리 도구이며, 테라폼, 클라우드포메이션, 오픈스택 히트는 배포 도구다. 구성 관리 도구 역시 기본적인 리소스 프로비전을 제공하므로 경계선을 정확하게 나누기는 어렵다(예로 앤서블로 서버를 배포할 수도 있다). 그리고 프로비전 도구 역시 서버 생성 시에 설정 및 초기화 스크립트를 통해서 구성 관리 정보를 수집, 설정할 수 있다. 이런 다양한 도구들의 목적이 비슷한 만큼 서비스 사용 사례에 가장 적합한 도구를 선택해야 한다.[7]

특히, 도커와 패커와 같은 서버 템플릿 도구를 사용하고 있다면 이미 구성 관리가 적용된 형태라 볼 수 있다. 도커파일(Dockerfile) 혹은 패커 템플릿 이미지를 이미 가지고 있다면, 그 이미지를 동작시키기 위한 인프라가 필요하다. 이와 같은 상황에서는 서버 프로비전 도구가 가장 효과적인 선택이며, 서버 템플릿 도구를 사용하지 않는다면 설정 관리 도구와 프로비전 도구를 함께 사용하는 것이 최적의 선택이다. 예를 들어, 테라폼으로 인프라 리소스를 배포하고 셰프로 설정 관리를 수행하여 소프트웨어를 설치한다.

---

6 도커 및 패커는 구성 관리 도구 또는 프로비저닝 도구 중 하나와 함께 사용할 수 있으므로 비교 대상에 포함되지 않는다.

7 셰프 프로비저닝 기능(https://docs.chef.io/provisioning.html)과 퍼핏 AWS 모듈(https://github.com/puppetlabs/puppetlabs-aws)처럼 주요 구성 관리 도구 중 일부가 최근 배포 도구의 기능을 추가하면서 명확하게 구분할 수 없게 되었다.

가변적인 인프라 vs 변하지 않는 인프라

셰프, 퍼핏, 앤서블, 솔트스택 등의 구성 관리 도구는 가변적인 인프라 패러다임을 기본 원칙으로 한다. 예를 들어, 셰프를 통해서 OpenSSL의 새로운 버전을 설치한다고 하였을 때, 셰프는 기존 서버에 소프트웨어를 업데이트하고 모든 변경사항을 해당 서버에서 적용한다. 그 이후로 더 많은 업데이트를 수행할수록 서버는 각각 독립적인 변경 이력을 가진다. 결과적으로, 각 서버는 다른 서버들과 달라지고 진단 및 복구가 어려운 구성 결함이 발생한다. 수동으로 발생하였을 때 벌어지는 이러한 문제 상황은 구성 관리 도구를 통해 자동화를 사용하면서 극복할 수 있지만, 구성 관리 도구 역시 이러한 문제점을 100% 해결할 수는 없다. 자동화된 테스트 방안이 있더라도 서버가 미묘하게 구성이 변경된 사항은 파악하기 어려우며, 테스트 환경과 상용 환경이 정확히 같지 않으므로 상용 환경 서버에서는 다른 문제가 발생할 수 있다.

만약 도커와 패커의 이미지를 배포하기 위해 테라폼과 같은 서버 배포 도구를 사용한다면 모든 변경 사항을 새롭게 생성된 서버에서 배포해야 한다. 예를 들어, 새로운 OpenSSL 버전을 적용한다면 패커를 통해 새로운 OpenSSL이 설치된 이미지를 생성한다. 그리고 새로운 서버로 배포하고 예전 버전의 서버들 리소스는 회수하는 형태다. 모든 설정 변경에 대해 새로운 서버로 같이 배포되므로 모든 리소스가 같은 형태의 설정을 하게 되어 구성 결함을 최소화할 수 있다. 그뿐만 아니라 각 서버에는 모두 같은 소프트웨어가 동작하므로 더욱더 쉽게 운영할 수 있으며, 복구 역시 설정 복원이 아닌 이전 이미지로 빠르게 복구할 수 있다. 이미지는 변하지 않으므로 자동화된 테스트를 통해 검증된 이미지라면 개발 환경과 상용 환경에 같이 배포할 수 있다.

물론 구성 관리 도구로도 변경 사항을 변하지 않는 형태로 구성할 수도 있으나 이것은 그 도구의 목적에 부합하지 않는다. 불변의 접근 방법 역시 자체적인 단점이 존재한다. 예를 들어, 서버 템플릿을 통해 새로 이미지를 만들고 이전 서버의 모든 변경사항을 다시 다 적용하는 데 시간이 오래 걸릴 수밖에 없다.

절차적 언어 vs 선언형 언어

셰프와 앤서블을 원하는 최종 상태를 만들기 위해서는 매 단계별로 코드를 작성하는 것과 같은 절차적인 스타일을 권장한다. 하지만 테라폼, 클라우드포메이션, 솔트스택, 퍼핏, 오픈스택 히트는 코드를 선언형으로 작성하도록 권장하며, 최종으로 원하는 형태만 선언하면 되고, IaC 도구가 해당 형태를 만들기 위한 상태를 관리하는 역할을 한다. 다음 예제를 통해 다른 점을 알아보자.

다음은 절차적 접근을 하는 앤서블을 통해 AMI ID가 ami-40d28157인 우분투 이미지로 10대 서버를 배포하는 예제이다.

```
- ec2:
    count: 10
    image: ami-40d28157
    instance_type: t2.micro
```

그리고 동일한 기능을 하는 선언형 방식의 테라폼 설정이다.

```
resource "aws_instance" "example" {
  count         = 10
  ami           = "ami-40d28157"
  instance_type = "t2.micro"
}
```

앤서블 혹은 테라폼을 통해 초기 작업을 수행할 때는 겉으로는 두 설정이 비슷해 보여 같은 결괏값을 얻을 수 있다. 하지만 변경사항이 생길 때는 두 방식의 차이점을 파악할 수 있다.

예를 들어, 서비스 사용량이 늘어나 서버를 15대로 늘려야 한다면 앤서블의 이전 코드는 더는 유효하지 않다. 만약 그 코드의 서버를 15대로 늘린다고 하면, 15대의 새로운 서버가 생성되며 총 25대의 서버가 생성된다. 그래서 최종 수량이 아닌 추가되는 수량(5대)만큼만 코드에 업데이트해야 한다.

```
- ec2:
    count: 5
    image: ami-40d28157
    instance_type: t2.micro
```

선언형 코드에서는 원하는 최종 상태의 정보만 정의하면 되고 테라폼이 현재 상태의 정보와 비교하여 최종 상태를 적용한다. 테라폼은 이전의 정보 상태를 알고 있으므로 최종적인 서버 대수만 고려하면 된다. 즉 이전에 사용했던 테라폼 설정 값을 10에서 15로 늘리면 된다.

```
resource "aws_instance" "example" {
  count         = 15
  ami           = "ami-40d28157"
  instance_type = "t2.micro"
}
```

만약 이 설정 정보를 적용하면, 테라폼이 기존에 10대의 서버를 만들었던 것을 기억하므로 5대의 서버만 추가로 생성한다. 실제로 설정이 적용되기 전에 테라폼의 plan 명령어로 변경 사항을 미리 알 수 있다.

```
> terraform plan

+ aws_instance.example.11
    ami:                    "ami-40d28157"
    instance_type:          "t2.micro"
+ aws_instance.example.12
    ami:                    "ami-40d28157"
    instance_type:          "t2.micro"
+ aws_instance.example.13
    ami:                    "ami-40d28157"
    instance_type:          "t2.micro"
+ aws_instance.example.14
    ami:                    "ami-40d28157"
    instance_type:          "t2.micro"
+ aws_instance.example.15
    ami:                    "ami-40d28157"
    instance_type:          "t2.micro"

Plan: 5 to add, 0 to change, 0 to destroy.
```

만약에 새로운 버전의 애플리케이션이 포함된 AMI ID가 ami-408c7f28로 바뀌게 되면 어떤 일이 발생할지 예상되는가? 절차 지향적 접근 방식을 사용하면 이전에 사용했던 앤서블 템플릿은 더는 유효하지 않으므로 이미 배포된 10대의 서버를 추적하고 다시 새로운 버전의 템플릿을 작성해야 한다. 하지만 테라폼의 선언형 접근 방식에서는 이전과 같은 설정 값을 활용하여 ami 변수에 ami-408c7f28만 변경하면 된다.

```
resource "aws_instance" "example" {
  count         = 15
  ami           = "ami-408c7f28"
  instance_type = "t2.micro"
}
```

예제에서 확인할 수 있듯이 매우 간단하게 사용할 수 있다. 앤서블은 태그를 사용하여 새 EC2 인스턴스를 배포하기 전에 기존의 인스턴스를 확인할 수 있다(예를 들어, instance_tag와 count_tag 변수를 사용하는 것이다). 하지만 모든 리소스에 대해 수동으로 이전 이력들의 기준을 토대로 관리하는 것은 매우 복잡한 일이다(예를 들면, 존재하는 서버에 대해 태그뿐만 아니라 이전 이미지 버전, 가용 영역 등을 모두 파악해야 한다). 이는 절차적 IaC 도구의 두 가지 문제점을 강조한다.

1. **절차적인 코드들은 인프라의 모든 상태를 저장하기 어렵다.** 앞의 세 가지 앤서블 템플릿을 보고 읽는 것으로는 배포 내용을 확인하기 힘들다. 따라서, 템플릿이 적용된 순서 정보 역시 알고 있어야 한다. 만약 적용 순서가 다르다면 다른 인프라가 될 가능성이 높다. 이 것은 코드 기반 자체에서 확인하기 어려운 일이며, 다른 말로 하면 앤서블 혹은 셰프의 코드와 지금까지 변경된 모든 이력을 함께 알아야 한다. 또한, 절차적인 코드는 재사용이 불가능하며, 코드의 재사용은 본질적으로 현재 인프라 상태를 고려해야 하므로 제한이 된다. 상태가 계속 변경되므로 일주일 전에 사용한 코드들은 이전의 인프라 역시 더는 존재하지 않으므로 다시 사용하기는 어려워진다. 결과적으로 절차 기반 코드는 시간이 지남에 따라 무겁고 복잡해지는 경향이 있다.

2. **테라폼의 선언형 접근방법을 통하여 코드는 항상 최신의 인프라 상태를 나타낸다.** 요약하면 히스토리 및 타이밍을 걱정할 필요 없이 현재 배포된 내용과 구성 내역을 알 수 있다. 이 것은 수동으로 현재 상태를 설명할 필요가 없으므로 코드를 재사용하기 쉬워진다. 만들 고자 하는 상태를 설명하는 것에 집중하고, 테라폼은 자동으로 한 상태에서 다른 상태로 전환하는 방법을 보여준다. 결과적으로 테라폼의 코드를 간단하고 이해하기 쉽게 구성할 수 있다.

물론 선언적 언어에도 단점은 존재한다. 전체 프로그램 언어를 이해하지 못하면 표현이 매우 제한된다. 예를 들어, 무중단 배포와 같은 일부 유형의 인프라 변경은 단순히 선언적 용어로 표현하기 어렵다(불가능하지는 않다. 제5장 참고). 또한, 절차형 언어와 비슷하게 논리적인 구성을 수행할 수 없다(예를 들어, 조건문이나 반복문). 그리고 일반적으로 생성해야 하며, 재사용 가능한 코드는 까다로울 수 있다. 또한, 조건문이나 반복문과 같은 논리적인 구성을 수행할 수 없어 나열하는 형태로 코드가 작성되며, 재사용이 까다롭다.

하지만 테라폼은 몇 가지 강력한 기본 구성을 제공한다. 예를 들어, 변수 입력, 출력, 모듈화, 생성하기 전에 삭제, 숫자 반복, 다양한 구문들, 채움 참조 함수들을 제공한다. 이것을 통해 더욱더 깔끔하게 설정할 수 있으며, 선언형 언어에서도 모듈식 코드를 구현할 수 있다. 제4장 과 제5장에서 보다 자세히 살펴본다.

마스터 유무

기본적으로 셰프, 퍼핏, 솔트스택 모두 다 마스터 서버가 필요하며, 인프라의 정보와 배포할 업데이트를 저장하고 있다. 인프라를 변경할 때 명령어, 클라이언트를 통해 마스터에 정보를 갱신하고 마스터 서버는 다른 서버에 업데이트를 전송하거나 각 서버가 마스터로부터 최신의 업데이트를 내려받아서 수행한다.

마스터 서버의 존재는 몇 가지 장점을 제공한다. 첫째는 인프라의 상태를 중앙 한 곳에서 관리하고 확인할 수 있다. 또한, 많은 구성 관리 도구는 웹 인터페이스를 제공하여 작업 진행 내역을 손쉽게 확인할 수 있다. 둘째로 마스터 서버는 백그라운드로 지속해서 실행되고 구성 변경을 감지할 수 있다. 예를 들어, 누군가가 수동으로 서버의 설정 정보를 변경한다면, 마스터에서 승인되지 않은 변경사항에 대해 다시 복구시킬 수 있다. 하지만 마스터의 존재로 인한 단점들도 존재한다.

추가적인 리소스

마스터 시스템을 위해 추가 리소스를 구성해야 하며, 가용성, 확장성을 위해 필요에 따라 클러스터까지 구성해야 한다.

운영

마스터 서버 자체도 중요한 시스템이므로 관리, 운영, 업그레이드, 백업, 모니터링도 수행해야 한다.

보안

마스터 서버와 모든 클라이언트 간에 통신할 수 있도록 네트워크 연결을 열어 놓아야 하며, 연결을 위한 특정 포트나 권한을 고려해야 한다. 모든 서버와 연동되는 단일 통신 채널에 대한 보안도 강화해야 한다.

셰프, 퍼핏, 솔트스택은 각 서버에서 에이전트 소프트웨어만 마스터 없이 수행하는 형태도 지원한다. 통상적으로 특정 주기로 스케줄러 혹은 리눅스 크론잡(cronjob)을 걸어서 마스터 서버가 아닌 버전 관리 서버에서 최신의 정보를 받아와 수행할 수도 있다. 이렇게 설정 단계를 최소화할 수 있지만, 다음 절에서 설명할 서버를 배포하고 에이전트 소프트웨어를 설치하는 방법과 관련해 여러 가지 해결되지 않은 질문이 남아 있다.

앤서블, 클라우드포메이션, 히트, 테라폼은 전부 다 마스터 없이 수행하는 것을 기본으로 한다. 또는, 정확성을 위해 마스터 서버를 사용한다. 하지만 이것은 이미 사용하고 있는 리소스의 일부이고, 관리를 위해 추가할 필요는 없다. 예를 들어, 테라폼은 클라우드 공급자 API를 통해 통신하므로 API 서버가 마스터 서버가 되고 추가적인 인증 메커니즘이 필요하더라도 별도의 마스터 서버는 필요하지 않고 받은 API 키를 사용하면 된다. 앤서블은 SSH를 통해 직접 서버와 통신한다. 이것 역시 별도의 인증을 위한 인프라는 추가되지 않는다 (SSH 키를 사용).

에이전트 유무

셰프, 퍼핏, 솔트스택 모두 다 설정을 하고자 하는 각 서버에 에이전트 소프트웨어가 필요하다(Chef Client, Puppet Agent, Salt Minion). 각 에이전트는 일반적으로 각 서버 백그라운드로 수행되며, 최신의 설정 관리 업데이트를 담당한다. 하지만 몇 가지 단점이 있다.

부트스트랩핑

서버를 프로비전하고 어떻게 소프트웨어를 설치하는가? 일부 구성 관리 도구는 일부 외부 프로세스가 처리할 것으로 가정하여 진행한다(예를 들어, 아마존 머신 이미지(AMI)를 통해 수십 대의 서버를 배포할 때 에이전트가 미리 깔려 있을 것으로 가정한다). 다른 구성 관리 도구는 특별한 부트스트랩핑 프로세스를 제공하며, 일회용 명령을 실행하여 클라우드 공급자 API를 사용하여 서버를 프로비전하고 SSH를 통해 해당 서버에 에이전트 소프트웨어를 설치한다.

유지 관리

에이전트 소프트웨어는 주의 깊게 정기적으로 업데이트해야 하며, 마스터 서버와의 동기화를 신중하게 유지해야 한다. 에이전트 소프트웨어가 재시작되거나 문제가 발생했을 때 모니터링할 수 있어야 한다.

보안

에이전트 소프트웨어는 마스터 서버로부터 설정을 내려받아야 하며, 모든 서버가 외부와 통신할 수 있도록 열어 두어야 한다. 만약 마스터 서버가 에이전트로 설정 값을 전달한다는 방식이라면 모든 서버에서 마스터 서버로부터의 접근을 허용하도록 포트를 열어주어야 한다. 두 방식 다 에이전트와 서버 간 통신을 위해 인증을 어떻게 받아야 할지 고려해야 한다. 이 모든 것이 외부 공격자의 공격 대상이 될 수 있다.

앞에서 언급한 대로 셰프, 퍼핏, 솔트스택은 비 에이전트 방식에 다양한 지원을 하고 있다. 하지만 이것은 구성 관리 도구의 전체 기능 세트를 지원하지 않는 것처럼 느껴진다. 실제로는 그림 1-7과 같이 셰프, 퍼핏, 솔트스택의 기본적인 구성 방안은 마스터와 에이전트를 설치하는 것을 권한다.

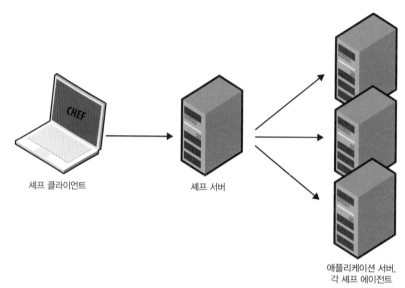

셰프 클라이언트   셰프 서버

애플리케이션 서버,
각 셰프 에이전트

그림 1-7 일반적인 형태의 셰프, 퍼핏, 솔트스택 설계에서는 많은 연관 관계가 이루어진다. 예를 들면, 셰프의 기본 설치는 셰프 마스터와 통신하기 위해 컴퓨터에 셰프 클라이언트를 설치하고, 모든 서버에 셰프 에이전트를 통해 변경 내역을 관리한다

에이전트 방식에 대해 추가되는 리소스도 오류 관리가 필요하다. 새벽 3시에 장애를 처리한다고 가정하면, 애플리케이션 코드, IaC 코드 혹은 구성 관리 도구의 클라이언트와 서버에서 결함 혹은 연동 관계의 오류 사항을 발견해야 하고, 기존에 존재하지 않았던 다양한 이슈를 확인해야 한다.

앤서블, 클라우드포메이션, 히트와 테라폼은 추가적인 에이전트가 필요하지 않다. 더욱 정교한 설치나 진단을 하기 위해서는 에이전트 설치가 필요하지만, 통상적으로 사용하는 인프라에 이미 구성되어 있다. 예를 들어, 아마존 웹 서비스, 애저, 구글 클라우드 혹은 다른 클라우드 공급자에서 설치, 관리하고 인증 에이전트 소프트웨어를 연동하는 역할을 직접 담당한다. 실제로 그림 1-8과 같이 테라폼의 사용자들은 어떻게 클라우드 공급자에 API를 전달하고 수행하는지 신경 쓸 필요가 없으며, 앤서블에서는 SSH 데몬만 구동되어 있으면 어떤 서버라도 접속할 수 있다.

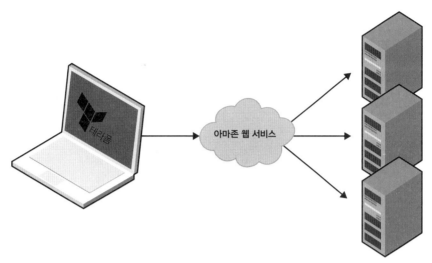

그림 1-8 테라폼은 마스터가 존재하지 않는 에이전트만 있는 구조다. 테라폼 클라이언트가 아마존 웹 서비스와 같은 클라우드 공급자에 인프라 구성 작업의 API 호출과 실행을 담당한다

커뮤니티 규모

최신 기술을 선택한다면 커뮤니티의 규모도 중요하다. 많은 경우 프로젝트의 생태계가 기술 자체의 고유한 품질보다 더 큰 경험을 할 수 있도록 해 준다. 커뮤니티는 얼마나 많은 사람이 프로젝트에 기여하며, 얼마나 많은 플러그인을 제공하고, 연동하고, 확장 기술을 지원할 것인지를 결정한다. 이를 통해 다양한 도움을 받을 수 있고, 요청(블로그, 스택오버플로 등)할 수 있으며, 회사 프로젝트에 기여할 인력(컨설턴트, 지원 가능한 외부 단체)도 찾을 수 있다.

커뮤니티를 비교하는 것 자체는 매우 어려운 일이지만, 검색 페이지를 통해서 트렌드를 파악할 수 있다. 표 1-1은 2016년 9월에 작성한 표이며, 클라우드 공급자 지원 여부, 오픈 소스 여부, 깃허브(GitHub)에 기여한 숫자, 한 달에 변경되는 숫자, 도구에 필요한 라이브러리, 스택오버플로(StackOverflow)에 올라온 질문 수, 인디드(indeed.com)에서 찾을 수 있는 직업의 수를 비교하였다.[8]

---

8 기여자 수, 별 개수, 변경 사항 및 이슈를 비롯한 대부분 데이터는 각 도구의 오픈 소스 저장소 및 버그 추적기에서 참고하였다. 클라우드포메이션은 오픈 소스가 아니라서 몇몇 정보는 수집할 수 없었다.

표 1-1 IaC 도구들의 비교(2016년 9월 기준)

	공개 유무	클라우드 지원 범위	기여 인원	스타 (Stars)	커밋 수	오류 (1개월)	라이브러리	스택 오버플로	직업수
셰프	공개	전체	477	4,439	182	58	3,052[a]	4,187	5,631[b]
퍼핏	공개	전체	432	4,158	79	130[c]	4,435[d]	2,639	5,213[e]
앤서블	공개	전체	1,488	18,895	340	315	8,044[f]	3,633	3,901
솔트스택	공개	전체	4,596	6,897	689	345	240[g]	614	454
클라우드포메이션	비공개	AWS	?	?	?	?	240[h]	613	665
히트	공개	전체	283	283	83	36[i]	0[j]	52	72[k]
테라폼	공개	전체	653	5,732	440	480	40[l]	131	392

a 셰프 슈퍼마켓에 있는 쿡북 개수(https://supermarket.chef.io/cookbooks)
b '셰프'라는 일반 명사를 제외하기 위해 '셰프 엔지니어'로 검색
c 퍼핏 렙스의 지라(Jira) 계정을 기반(https://tickets.puppetlabs.com/secure/Dashboard.jspa)
d 퍼핏 포지(Forge)의 모듈 개수(https://forge.puppet.com)
e '퍼핏'이라는 일반 명사를 제외하기 위해 '퍼핏 엔지니어'로 검색
f 앤서블 갤럭시(Galaxy)의 재사용 가능한 역할의 수(https://galaxy.ansible.com)
g 솔트스택 포뮬러(Formulas) 깃허브 계정의 포뮬러 수
h awslabs 깃허브 계정의 템플릿 수(https://github.com/awslabs)
i 오픈스택 버그 추적기를 기반(https://bugs.launchpad.net/openstack)
j 커뮤니티 히트 템플릿 묶음은 찾을 수 없음
k '히트'에 대한 일반 명사 결과를 피하고자 '오픈스택' 검색
l 테라폼 커뮤니티 모듈 저장소의 모듈

실질적으로 이 표를 통해서 도구들을 단일 비교하기는 어렵다. 예를 들어, 도구는 보통 하나 이상의 저장소를 갖고 있으며, 이 중의 일부는 오류 해결 혹은 질문을 위해 다른 방법을 사용한다. 또한, 셰프, 퍼핏 등의 일반 명사는 정확하게 IaC 도구와 관련된 직업의 숫자라고 하기도 어렵다.

성숙한 기술 vs 신규 기술

또 다른 비교 지표는 기술의 성숙도라고 말할 수 있다. 표 1-2는 도구가 처음으로 제공된 시점과 현재 버전이다.

표 1-2 IaC 도구의 성숙도

	제공되기 시작한 시기	현재 버전
셰프 – 12.19.26	2009	12.17.44
퍼핏 – 6.0	2005	4.8.1
앤서블 – 2.4	2012	V2.1.3.0-1
솔트스택 – 2019.02	2011	2016.11.1
클라우드포메이션 – N/A	2011	?
히트 – 11.0	2012	7.0.1
테라폼 – 0.11.11	2014	0.8.2

다시 말하자면, 이것 역시 단일 비교는 할 수 없다. 도구마다 다른 버전 관리를 하고 있으나, 추세를 파악할 수는 있다. 테라폼은 비교적 최근에 나온 새로운 IaC 도구이며, 아직 1.0.0 버전 전이다. 이것은 안정성, API의 호환성을 완벽하게 보장하지는 않으며, 코드가 아직 안정화되지 않았음을 의미한다. 테라폼의 가장 큰 단점은 비교적 짧은 시간에 성장한 도구다. 이는 새로운 도구를 사용하는 것에 대한 대가는 다른 IaC 도구들처럼 아직 성숙하지 않다는 것이다.

결론

표 1-3에서 모든 것을 하나로 표현한 것을 보여준다. 이 표는 다양한 IaC 도구가 사용되는 **기본** 또는 **가장 일반적인** 방법을 보여주지만, 이 장의 앞부분에서 설명한 바와 같이 이러한 IaC 도구는 다른 구성에서도 사용할 수 있을 만큼 유연하다(예를 들어, 셰프는 마스터 없이 사용할 수 있으며, 솔트스택을 변하지 않는 인프라의 도구로 사용할 수 있다).

표 1-3 많이 사용되는 IaC 도구들의 비교

	공개 유무	클라우드 지원 범위	범주	인프라 지원	언어	에이전트	마스터	커뮤니티	성숙도
셰프	공개	전체	구성 관리	가변	절차	유	유	상	상
퍼핏	공개	전체	구성 관리	가변	선언	유	유	상	상
앤서블	공개	전체	구성 관리	가변	절차	무	무	상	중
솔트스택	공개	전체	구성 관리	가변	선언	유	유	중	중
클라우드포메이션	비공개	AWS	프로비전	불변	선언	무	무	하	중
히트	공개	전체	프로비전	불변	선언	무	무	하	하
테라폼	공개	전체	프로비전	불변	선언	무	무	중	하

그런트웍스(https://www.gruntwork.io/)에서는 오픈 소스와 선언형 언어, 비 마스터와 에이전트가 없는 구조, 변하지 않는 인프라 형태의 특정 클라우드에 구속받지 않는 프로비전 도구, 그리고 큰 커뮤니티와 성숙도 있는 코드가 주요한 기준이었다. 표 1-3처럼 테라폼은 완벽하지는 않지만, 그런트웍스의 요구사항 기준에 가장 적합한 도구였다.

여러분의 요구사항에도 테라폼이 가장 적합하다고 생각되는가? 그렇다면 다음 장에서 더 심도 있게 사용하는 방법을 알 수 있을 것이다.

2

테라폼 시작하기

이번 장에서는 테라폼의 사용법에 대해서 배운다. 테라폼은 배우기 쉬운 도구다. 이번 장에서 테라폼 명령어를 통해 서버, 트래픽 로드 밸런서(load balancer) 등의 클러스터를 구성하는 법을 파악한다. 또한, 이번 장에서 다룰 인프라를 통해서 확장성과 고가용성을 갖는 웹 서비스와 마이크로서비스를 알아본다. 다음 장에서는 이번 예제를 다양하게 다뤄 볼 것이다.

테라폼은 아마존 웹 서비스, 마이크로소프트 애저, 구글 클라우드, 디지털오션(Digital Ocean) 등 잘 알려진 공용 클라우드 공급자뿐 아니라 오픈스택, VM웨어 등의 사설 클라우드와 가상화 플랫폼도 지원한다. 이 장과 이후의 코드 예제는 아마존 웹 서비스에서 사용할 예정이다. 테라폼을 학습하는 데는 아마존 웹 서비스가 가장 좋은 선택지다. 이유는 다음과 같다.

• 아마존 웹 서비스는 시장에서 가장 대중적인 퍼블릭 클라우드 공급자이며, 다른 클라우드 공급자(마이크로소프트, 구글, IBM)의 규모보다 더 크다(http://bit.ly/2kWCuCm).

• 아마존 웹 서비스는 EC2(Elastic Compute Cloud, 일라스틱 컴퓨트 클라우드)처럼 신뢰성 있고 확장성 있는 다양한 서비스들을 제공하며, ASG(Auto Scaling Group, 오토 스케일링 그룹)처럼 가상 서버의 클러스터를 손쉽게 관리할 수 있도록 한다. 또한, ELB(Elastic Load Balancer, 일라스틱 로드 밸런서)를 통해 가상 서버의 클러스터에 트래픽 부하를 분산시키는

서비스도 제공한다.[1]

- 아마존 웹 서비스는 프리 티어(free tier)(https://aws.amazon.com/free/)를 제공하며, 이 책에서 다루는 예제 역시 프리 티어로 사용할 수 있다. 만약 프리 티어를 이미 사용하였다면 예제를 따라 하기 위해 약간의 비용이 발생한다.[2]

아직 아마존 웹 서비스 계정이 없거나 테라폼을 사용해 보지 않았다 하더라도 걱정할 필요는 없다. 다음의 순서대로 사전 작업부터 실제 실습까지 따라 하면 된다.

- 아마존 웹 서비스 계정 설정하기
- 테라폼 설치하기
- 단일 서버 배포하기
- 단일 웹 서버 배포하기
- 설정 가능한 웹 서버 배포하기
- 웹 서버 클러스터 구성하기
- 로드 밸런서 배포하기
- 정리

예제 코드

이 책의 모든 예제 코드는 다음 URL에서 확인할 수 있다. https://github.com/stitchlabio/terraform-up-and-running-code

아마존 웹 서비스 계정 설정하기

만약 아직 아마존 웹 서비스 계정이 없다면, https://aws.amazon.com으로 들어가 가입하고 처음이라면 루트 사용자(root user)로 로그인된다. 이 사용자 계정은 모든 것을 할 수 있는 권한을 가지므로 보안 관점에서 보면 루트 사용자를 사용하는 것은 매우 좋지 않다. 그러므로 제한된 사용 권한을 갖는 다른 사용자 계정을 만들고 해당 계정으로 접속하게 해야 한다.[3]

---

1 아마존 웹 서비스 용어에 대해 익숙하지 않으면 일반 영어로 정리된 페이지를 참조한다(https://www.expeditedssl.com/aws-in-plain-english).

2 [옮긴이] 예상치 못한 비용이 발생되는 것을 방지하기 위해 비용에 대한 알람을 설정해 놓도록 한다.(http://bit.ly/2Nryf1C)

3 아마존 웹 서비스 사용자 관리 모범 사례에 대한 자세한 내용은 http://amzn.to/2lvJ8Rf를 참조한다.

제한된 사용자 계정을 만들기 위해서는 **IAM(사용자 액세스 및 암호화 키 관리, Identity and Access Management)**을 사용해야 한다. IAM은 사용자 계정뿐 아니라 사용자에게 권한을 부여할 수도 있다. 새로운 **IAM 사용자**를 생성하려면 IAM 콘솔(https://console.aws.amazon.com/iam/)로 들어가 '사용자'를 클릭하고 새로운 사용자를 만들기 위해 파란색의 '새로운 사용자' 버튼을 클릭한다. 그 후에 사용자 이름을 입력하고, 그림 2-1과 같이 아마존 웹 서비스 액세스 유형으로 '프로그래밍 방식 액세스'를 선택한다.

그림 2-1 새로운 IAM 사용자 추가

'다음: 권한' 버튼을 클릭하면 추가할 사용자에 대한 권한을 설정할 수 있다. 이 부분은 사용자를 생성 완료한 다음 부여할 예정이기 때문에 그림 2-2와 같이 지금은 아무 것도 선택하지 않고 바로 '다음: 태그' 버튼을 클릭한다. 태그에 대한 부분도 별도의 설정을 추가하지 않고 바로 '다음: 검토' 버튼을 클릭한다.

그림 2-2 사용자 권한 설정 화면

이후 검토 단계 화면에서 아직 사용자에게 권한을 부여하지 않았기 때문에 '이 사용자에게는 권한이 없습니다.'라는 경고 메시지를 그림 2-3처럼 볼 수 있다.

그림 2-3 사용자 추가 검토 화면

사용자 생성 후에 권한 부여를 진행할 예정이므로 바로 '사용자 만들기' 버튼을 클릭해 사용자를 생성하면 그림 2-4와 같이 해당 사용자의 보안 자격 증명을 보여준다. 이 자격 증명은 **액세스 키 ID**와 **비밀 액세스 키**로 구성된다. 이 키는 다시 표시되지 않으므로, CSV로 내려받거나 복사한 후 즉시 안전한 곳(예: 1Password, LastPass 또는 macOS 키 체인 액세스 같은 암호 관리자)에 보관해야 한다.

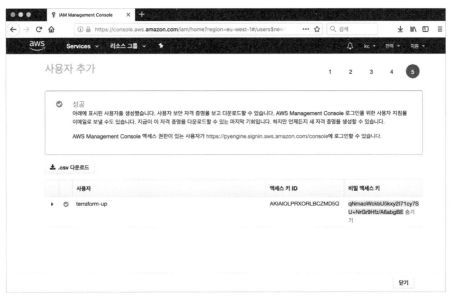

그림 2-4 자격 증명은 안전한 곳에 보관해야 하며, 다른 사용자와는 공유하지 않아야 한다(화면에 있는 키는 유효하지 않다)

자격 증명을 저장했으면 '닫기' 버튼을 클릭한다. IAM 사용자 목록에 방금 생성된 사용자를 확인할 수 있으며, 해당 사용자 이름을 클릭한 후 그림 2-5와 같이 '권한' 탭을 확인한다. 아직 만들어진 새 IAM 사용자는 권한이 없으므로 아마존 웹 서비스 계정에서는 아무것도 할 수 없다.

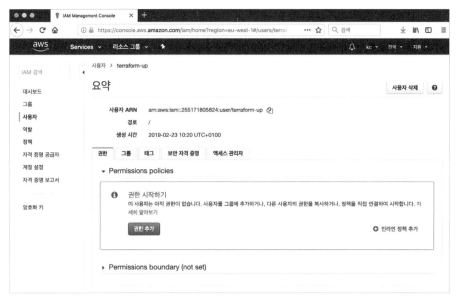

그림 2-5 IAM 사용자 정보

IAM 사용자에게 수행할 수 있는 권한을 부여하기 위해서는 하나 이상의 IAM 정책(policy)을 해당 사용자의 계정에 추가해야 한다. **IAM 정책**은 다음과 같은 JSON 문서이며, 사용자가 수행할 수 있는 작업과 허용되지 않는 작업을 정의한다. 직접 IAM 정책을 만들거나 **기존(관리되는) IAM** 정책을 사용할 수 있다.[4]

이 책의 예제를 실행하기 위해서는 그림 2-6처럼 IAM 사용자에게 다음과 같이 기존 정책을 직접 추가(연결)해야 한다.

1. AmazonEC2FullAccess: 이 장에서 필요

2. AmazonS3FullAccess: 3장에서 필요

3. AmazonDynamoDBFullAccess: 3장에서 필요

4. AmazonRDSFullAccess: 3장에서 필요

5. CloudWatchFullAccess: 5장에서 필요

6. IAMFullAccess: 5장에서 필요

---

4 IAM 정책에 대한 자세한 내용은 http://amzn.to/2lQs1MA를 참조한다.

그림 2-6 IAM 사용자에 기존 정책 적용(관리형 정책이 많으므로 필요한 정책을 직접 검색 및 선택)

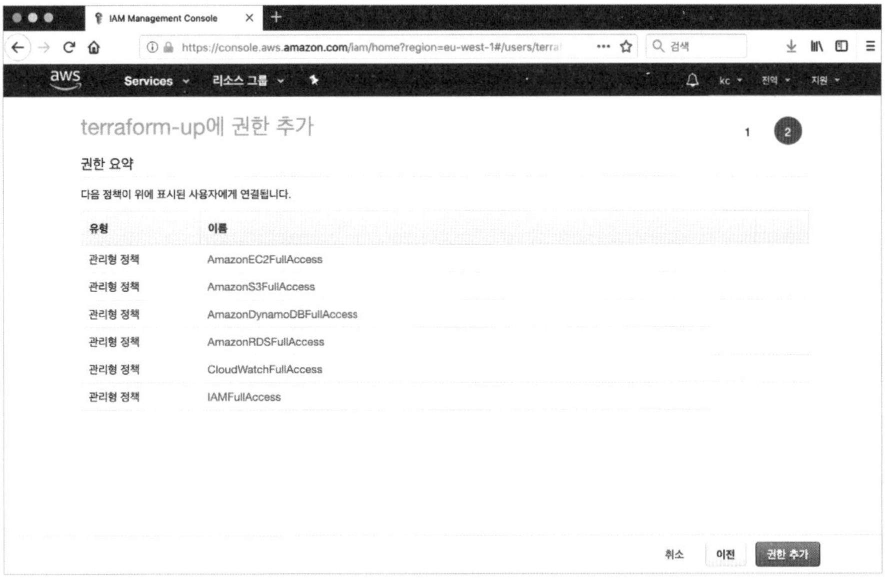

그림 2-7 IAM 사용자에 적용될 정책 목록

기본(Default) VPC

기존 아마존 웹 서비스 계정을 사용하는 경우 **기본의 가상 사설 클라우드(VPC, Virtual Private Cloud)**가 존재하며, 이것은 아마존 웹 서비스 계정의 격리된 영역이자 자체 가상 네트워크 및 IP 주소 공간이다. 거의 모든 리소스가 VPC 상에 배포되며, VPC를 명시적으로 지정하지 않으면 리소스가 **기본 VPC**에 배치된다. 이 책의 모든 예제는 기본 VPC를 사용하며, 기본 VPC를 삭제한 경우 VPC 콘솔에서 기본 VPC 생성 작업을 통해 다시 생성할 수 있지만, 생성에 어려움이 있다면 다른 지역의 기본 VPC를 사용하거나 아마존 웹 서비스 고객 지원팀에 문의하여 기본 VPC를 다시 작성할 수 있다(VPC에 수동으로 Default 태그를 설정하더라도 동작하지 않는다). 만약 그렇지 않다면, 모든 예제에 대해서 vpc_id와 subnet_id를 직접 변수로 지정해야 한다.

테라폼 설치하기

테라폼 공식 홈페이지(www.terraform.io)에서 테라폼 실행 파일을 내려받을 수 있다. 다운로드 링크를 통해 운영체제에 맞는 패키지를 선택하여 **zip** 파일을 내려받고 수행하고자 하는 위치에 테라폼의 압축을 푼다. 'terraform'이라는 단일 파일로 압축이 풀릴 것이며, 필요에 따라서는 환경 변수(PATH)에 추가한다.

동작 여부를 확인하기 위해 테라폼 명령어를 수행하여 사용법을 확인한다.

```
terraform
Usage: terraform [-version] [-help] <command> [args]

The available commands for execution are listed below.
The most common, useful commands are shown first, followed by
less common or more advanced commands. If you're just getting
started with Terraform, stick with the common commands. For the
other commands, please read the help and docs before usage.
(...)
```

아마존 웹 서비스 계정에서 테라폼을 원활하게 사용하기 위해서는 앞에서 발급받은 IAM 사용자의 권한 자격(credential) 정보 즉, AWS_ACCESS_KEY와 AWS_SECRET_ACCESS_KEY의 설정을 해야 한다. 유닉스(Unix), 리눅스(Linux), 맥(macOS)에서는 다음과 같이 설정한다.[5]

---

5 [옮긴이] 윈도우에서는 다음과 같이 환경 변수를 설정한다.
   set AWS_ACCESS_KEY_ID=(액세스 키 ID)
   set AWS_SECRET_ACCESS_KEY=(비밀 액세스 키)

```
> export AWS_ACCESS_KEY_ID=(액세스 키 ID)
> export AWS_SECRET_ACCESS_KEY=(비밀 액세스 키)
```

이 환경 변수 설정 값은 현재 수행한 셸 터미널에서만 유용하며, 만약 새로운 터미널이나 서버를 재시작하였다면 다시 환경 변수를 설정해야 한다.

인증 옵션

환경 변수와 관련해서 추가로 테라폼은 AWS CLI와 SDK 도구의 인증 관리 방법을 같이 사용한다. 그러므로, 아마존 웹 서비스 CLI를 통해 configure 명령어로 **$HOME/.aws/credentials**에 권한 정보가 등록되어 있거나 아마존 웹 서비스 리소스에 IAM 역할을 사용하고 있다면 동일하게 사용할 수 있다. 아마존 웹 서비스 CLI에 대해 추가적인 정보가 필요하다면 공식 사용자 가이드 페이지를 참고하면 된다(https://docs.aws.amazon.com/cli/latest/userguide/cli-chap-configure.html).

단일 서버 배포하기

테라폼 코드는 **tf**[6] 확장자인 **하시코프 설정 언어**(HCL, HashiCorp Configuration Language)로 작성되어 있다. 테라폼은 구성하고자 하는 인프라를 설명할 수 있도록 선언형 언어로 구성되어 있으며, 테라폼이 구성정보에 따라 각 인프라 제공자의 API를 사용하여 리소스를 생성하고 구성하는 단계를 지원한다. 또한, 테라폼은 아마존 웹 서비스, 애저, 구글 클라우드, 디지털오션 등 다양한 플랫폼에 종속적이지 않게 인프라를 **생성**할 수 있다.

테라폼 코드는 VIM, 이맥스(EMACS), 서브라임 텍스트(SublimeText), 아톰(Atom), 비주얼 스튜디오 코드(Visual Studio Code) 및 인텔리제이(IntelliJ)(리팩토링, 사용법 그리고 선언문 이동까지 지원) 등의 선호하는 문서편집기를 통해서 작성할 수 있으며, 해당 편집기에서 문법 하이라이트 기능을 지원하는지 확인할 수 있다('terraform' 대신 'HCL'로 찾아야 할 수도 있다).

테라폼 사용의 첫 번째 단계는 원하는 공급자를 설정하는 것이다. 새로운 디렉터리를 생성한 후 main.tf 파일을 만들고 다음의 내용을 작성한다.

---

6 JSON으로 테라폼 코드를 작성하고자 하면 .tf.json인 파일로 변경하면 된다. 테라폼의 HCL 및 JSON 구문에 대한 자세한 내용은 다음을 참조한다(https://www.terraform.io/docs/configuration/syntax.html).

```
provider "aws" {
  region = "us-east-1"
}
```

앞의 선언을 통해 테라폼은 제공자로 아마존 웹 서비스를 사용하고 인프라를 배포하고자 하는 지역이 us-east-1이라고 인지한다. 아마존 웹 서비스는 전 세계에 데이터 센터를 가지고 있으며, 여러 가용 영역들을 지역으로 묶어서 제공한다. **아마존 웹 서비스 지역**은 지리학적인 위치로 나누어져 있으며, us-east-1(북부 버지니아), eu-west-1(아일랜드), ap-northeast-2(서울) 등이 있다. 각 지역에서 **가용 영역**으로 불리는 각각 독립된 여러 개의 데이터 센터를 가지고 있으며, ap-northeast-2a, ap-northeast-2c로 선언되어 있다.[7]

또한, 각 제공자 환경에 따라서 각각 다른 **리소스**를 생성할 수 있다. 예를 들면 서버, 데이터베이스, 로드 밸런서 등이 있으며, 아마존 웹 서비스에서 EC2 Instance와 같은 단일 서버를 생성하고자 한다면 aws_instance 리소스를 **main.tf**에 추가하면 된다.

```
resource "aws_instance" "example" {
  ami           = "ami-40d28157"
  instance_type = "t2.micro"
}
```

기본적인 테라폼 리소스의 문법은 다음과 같다.

```
resource "PROVIDER_TYPE" "NAME" {
  [CONFIG ...]
}
```

PROVIDER는 아마존 웹 서비스처럼 공급자의 이름이며, TYPE은 instance와 같이 생성하고자 하는 리소스의 종류다. NAME은 테라폼 코드에서 해당 리소스를 지칭하는 식별자이며, CONFIG는 해당 리소스에 선언할 수 있는 하나 이상의 설정 변숫값들로 구성되어 있다(e.g, ami = "ami-40d28157"). aws_instance 리소스에는 다양한 설정 변숫값이 있으며, 지금은 다음에 명시된 변수만 사용하면 된다.[8]

---

[7] 아마존 웹 서비스 지역과 가용 영역에 대해서는 다음 웹페이지에서 더 확인 가능하다(http://bit.ly/1NATGqS).

[8] aws_instance 구성 매개 변수의 전체 목록은 다음 웹페이지에서 확인 가능하다(https://www.terraform.io/docs/providers/aws/r/instance.html).

AMI

AMI(Amazon Machine Image, 아마존 머신 이미지)는 EC2 인스턴스를 구동시키는 골드 이미지다. 아마존 웹 서비스 마켓플레이스(https://aws.amazon.com/market place/)를 통해 무료와 유료 AMI를 찾을 수 있으며, 패커(8페이지의 머신 이미지와 서버 템플릿에서 언급한 서버 템플릿 도구)로 직접 제작할 수도 있다. 사용할 예제 ami 변수는 us-east-1의 ubuntu 16.04 AMI 값이다.

instance_type

EC2 인스턴스를 구동시키기 위한 필수 정보다. 각 EC2 인스턴스 타입은 각기 다른 CPU, 메모리, 디스크 용량, 네트워크 수용량을 갖고 있으며, 아마존 웹 서비스 페이지 (https://aws.amazon.com/ec2/instance-types/)에서 모든 가능한 목록을 확인할 수 있다. 예제에서는 t2.micro로 활용할 예정이며, 하나의 가상 CPU, 1GB 메모리로 아마존 웹 서비스 프리 티어에 속하는 타입이다.

터미널에서 **main.tf** 파일이 있는 디렉터리로 이동하여 terraform init 명령어와 plan 명령어를 순서대로 수행한다.

```
> terraform init

Initializing provider plugins...
- Checking for available provider plugins on https://releases.hashicorp.com...
- Downloading plugin for provider "aws" (1.60.0)...
(…)

Terraform has been successfully initialized!

You may now begin working with Terraform. Try running "terraform plan" to see
any changes that are required for your infrastructure. All Terraform commands
should now work.

(…)
```

Init 명령어는 테라폼을 수행하기 위한 공급자의 플러그인들을 초기 설정하는 명령어이며, 실습에서는 해당 명령어를 통해 아마존 웹 서비스의 최신 버전 플러그인이 설정된다.

plan 명령어는 테라폼을 통해 실제로 생성되고 변경되는 내역을 보여준다. 실제 환경에 적용하기 전에 검증할 수 있게 하는 중요한 수단이다. plan의 결괏값은 유닉스, 리눅스와 깃의 diff 명령어와 비슷하다. 더하기(+) 기호는 생성한다는 의미이며, 빼기(-) 기호는 제거한다는 의미,

물결(~) 기호는 변경한다는 의미다. 이 결괏값을 통해 정의한 대로 테라폼이 EC2 인스턴스를 생성하는지 알 수 있다.[9]

실제로 인스턴스를 생성하기 위해 terraform apply 명령어를 수행하고 변경 내역을 확인(yes)하면 다음과 같이 실행된다.

```
> terraform apply
aws_instance.example: Creating...
  ami:
  availability_zone:
  instance_state:
  instance_type:
  key_name:
  private_dns:
  private_ip:
  public_dns:
  public_ip:
  security_groups.#:
  subnet_id:
  vpc_security_group_ids.#: "" => "<computed>"
  (...)

aws_instance.example: Still creating... (10s elapsed)
aws_instance.example: Still creating... (20s elapsed)
aws_instance.example: Creation complete after 21s (ID: i-0axxxxx)

Apply complete! Resources: 1 added, 0 changed, 0 destroyed.
```

테라폼을 통해 생성한 서버는 해당 지역(실습 기준 N.Vriginia)의 EC2 대시보드를 통해서도 확인할 수 있으며, 그림 2-8에서도 확인할 수 있다.

---

9 [옮긴이] 환경 변수에 대한 설정이 어렵거나 권한과 관련된 문제가 발생한다면 main.tf에 직접 액세스 키 ID와 비밀 액세스 키를 설정한다(https://www.terraform.io/docs/providers/aws/).

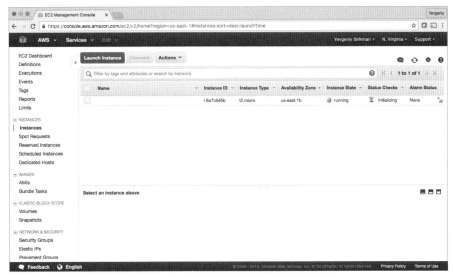

그림 2-8 단일 EC2 인스턴스

지금까지는 서버가 정상적으로 생성되었으나 흥미로운 예제는 아니었다. 지금부터는 더욱더 흥미로운 예제를 만들어 볼 것이다. 첫째로 EC2 인스턴스에 이름을 정의해 본다. 다음과 같이 aws_instance 리소스에 태그(tag)를 추가한다.

```
resource "aws_instance" "example" {
  ami           = "ami-40d28157"
  instance_type = "t2.micro"

  tags {
    Name = "terraform-example"
  }
}
```

plan 명령어를 통해 무엇이 수행되는지 확인해 보자.

```
> terraform plan

aws_instance.example: Refreshing state... (ID: i-6a7c545b)
(...)

~ aws_instance.example
    tags.%:    "0" => "1"
    tags.Name: "" => "terraform-example"

Plan: 0 to add, 1 to change, 0 to destroy.
```

테라폼은 이미 생성된 설정 파일의 세트를 지속해서 관리한다. 이를 통해 EC2 인스턴스가 기존에 생성되었는지(plan 명령어를 수행할 때 'Refreshing state…'가 해당하는 의미다) 알 수 있으며, 현재 배포된 내역과 신규로 변경되는 사항도 알 수 있다(이것이 선언형 언어의 장점이며, 18페이지의 '테라폼이 다른 코드형 인프라 도구와 다른 점은 무엇인가?'에서 언급한 내용이다). 원하는 내역이 테라폼을 통해 Name이라는 단일 태그를 생성하는 것을 확인할 수 있으며, apply를 수행하여 실제로 적용한다.

EC2 대시보드 화면을 새로 고치면 그림 2-9의 내용을 확인할 수 있다.

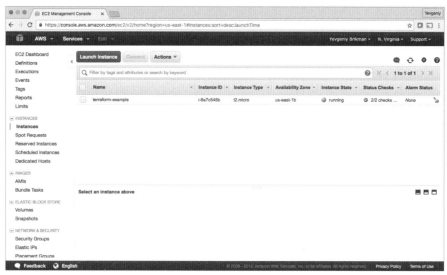

그림 2-9 EC2 인스턴스의 이름 태그 설정

간단한 테라폼 코드의 동작 방법을 알 수 있었다. 또한, 버전 관리 도구를 쓴다면 다른 사람들과 코드를 공유하고 인프라 변경 사항을 꾸준히 파악할 수 있으며, 커밋 로그를 통해 디버깅할 수 있다. 예를 들어, 현재 깃 저장소를 통해 다음과 같이 테라폼 설정 값을 저장할 수 있다.

```
git init
git add main.tf
git commit -m "Initial commit"
```

.gitignore를 통해서 깃에 추가할 때 실수로 특정 파일이 추가되지 않도록 설정할 수 있다.

```
.terraform
*.tfstate
*.tfstate.backup
```

앞의 .gitignore 파일은 **깃** 저장소에 추가되지 않아야 할 파일들을 명시하고 있으며, 테라폼 상태를 저장하고 있는 ***.tfstate** 파일(3장에서 왜 상태 파일을 체크하면 안 되는지 설명한다)과 같은 경우 .gitignore 파일에 역시 커밋해 놓아야 한다.

```
git add .gitignore
git commit -m "Add a .gitignore file"
```

이 코드를 동료들과 공유하려면 모두가 접근할 수 있는 공유 깃 저장소를 만들어야 한다. 한 가지 방법은 깃허브를 사용하는 것이며, 깃허브(github.com) 계정이 없다면 계정을 만들고 새 저장소를 만들어야 한다. 다음과 같이 새로운 깃허브 저장소를 origin이라는 원격 엔드 포인트로 사용하도록 로컬 깃 저장소에 설정한다.

```
git remote add origin
git@github.com:<YOUR_USERNAME>/<YOUR_REPO_NAME>.git
```

이제 팀원과 공유하고 싶을 때마다 커밋 내용을 원격 저장소에 업데이트할 수 있다.

```
git push origin master
```

또한, 팀원이 변경한 사항을 보고 싶을 때마다 origin에서 업데이트된 내역을 받을 수 있다.

```
git pull origin master
```

이 책의 나머지 부분을 살펴보면서 일반적으로 테라폼을 사용할 때 정기적으로 커밋하고 깃을 사용하여 변경 사항을 적용해야 한다. 이렇게 하면, 이 코드로 팀 구성원과 함께 작업할 수 있을 뿐 아니라 모든 인프라 변경 사항이 커밋 로그에 캡처되므로 디버깅에 매우 편리하다. 6장에서 테라폼을 팀으로 사용하는 방법을 더 배울 것이다.

단일 웹 서버 배포하기

다음 단계는 인스턴스에 웹 서버를 동작시키는 것이다. 우리의 목적은 최대한 간단하게 웹 서비스를 구성하는 것이며, 이 단일 웹 서버는 다음 그림 2-10처럼 HTTP 요청들에 대해 응답할 수 있도록 만들 것이다.

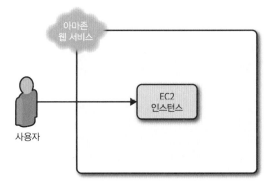

그림 2-10 아마존 웹 서비스의 HTTP 요청에 응답하는 간단한 웹 서버 구성

실제 환경에서는 웹 서버에 루비 온 레일즈(Ruby on Rails)나 장고(Django) 같은 웹 프레임워크를 사용해야 하나, 실습에서는 'Hello, World'에 응답만 할 수 있도록 최대한 간단하게 웹 서버를 구현할 것이다.[10]

```
#!/bin/bash
echo "Hello, World" > index.html
nohup busybox httpd -f -p 8080 &
```

위 배시 스크립트는 index.html 파일에 'Hello, World'를 작성하고 비지박스(busybox, https://busybox.net/)를 수행하여 8080 포트로 웹 서버를 시작하는 명령어다. 또한, 비지박스 명령어와 nohup과 &를 추가하여 배시 스크립트가 종료되더라도 지속해서 백그라운드로 수행할 수 있도록 설정했다.

---

10 HTTP 서버를 기동하는 한 줄 명령어는 다음 웹페이지에서 참고한다(https://gist.github.com/willurd/5720255).

EC2 인스턴스에 해당 스크립트를 어떻게 적용해야 할까? 일반적으로 앞에서(8페이지) 다룬 서버 템플릿 도구로 할 수 있다. 패커를 통해 직접 AMI를 구성하여 웹 서버를 설치할 때 해당 스크립트를 적용해 놓을 수 있다. 이 예제의 임시 웹 서버는 한 줄의 비지박스 명령어로 되어 있으므로 기본 ubuntu 16.04 이미지로 사용할 수 있으며, EC2 인스턴스의 **사용자 데이터**(user data) 설정을 통해 'Hello, World' 스크립트를 인스턴스 기동 시 수행할 수 있다.

```
resource "aws_instance" "example" {
  ami           = "ami-40d28157"
  instance_type = "t2.micro"

  user_data = <<-EOF
              #!/bin/bash
              echo "Hello, World" > index.html
              nohup busybox httpd -f -p 8080 &
              EOF

  tags {
    Name = "terraform-example"
  }
}
```

이 파일에서 <<-EOF 와 EOF 표시는 새로운 줄에 문자를 매번 추가하는 것이 아니라 여러 줄의 단락으로 저리하는 테라폼의 **히어닥**(heredoc) 문법이다.

웹 서버를 동작시키기 전에 추가로 한 가지 작업을 해야 한다. 기본적으로 아마존 웹 서비스는 EC2 인스턴스의 들어오고 나가는 트래픽을 허용하지 않으며, 예제와 같이 8080 포트에 대한 트래픽을 허용하기 위해서는 다음과 같이 **보안 그룹**(Security Group)을 통해 설정해야 한다.

```
resource "aws_security_group" "instance" {
  name = "terraform-example-instance"
```

```
  ingress {
    from_port   = 8080
    to_port     = 8080
    protocol    = "tcp"
    cidr_blocks = ["0.0.0.0/0"]
  }
}
```

이 코드는 aws_security_group 리소스를 생성하고(아마존 웹 서비스 공급자의 리소스는 aws_로 시작하는 것을 명심하자), CIDR(사이더) 블록 0.0.0.0/0으로부터 8080 포트에 대해 TCP 요청을 받을 수 있도록 설정하였다. **CIDR 블록**은 IP 주소 대역을 간략하게 표현한 것이다. 예를 들어, CIDR 블록이 10.0.0.0/24인 경우 10.0.0.0부터 10.0.0.255까지의 모든 IP 주소를 표현한다. 위에서 정의한 CIDR 0.0.0.0/0은 모든 IP 주소 대역이 포함된 값이며, 즉 인터넷이 연결된 어느 곳에서라도 접속할 수 있도록 설정한다는 의미다.[11]

사실상 단순히 보안 그룹만 만드는 것으로는 충분하지 않으며, 실제로 EC2 인스턴스가 해당 보안 그룹을 사용할 수 있도록 해야 한다. 이를 위해 보안 그룹의 ID를 aws_instance 리소스에 vpc_security_group_ids의 변수로 지정해야 한다.

보안 그룹의 ID를 다음과 같이 **채움 참조**(interpolation) 구문으로 변수 처리한다.

```
"${something_to_interpolate}"
```

따옴표에 달러 기호와 중괄호로 묶은 표시는 일반 문자열이 아닌 특별한 방법으로 처리된다. 이 책에서는 다양한 문법 구문을 사용하며, 이번 예제에서 사용하는 것은 리소스의 **속성값**으로 불러오는 변수 구문이다.

테라폼에서는 모든 리소스를 속성값으로 불러 변수를 사용할 수 있으며(각 리소스 문서에서 가능한 변숫값들을 찾을 수 있다), 구문 문법은 다음과 같다.

```
"${TYPE.NAME.ATTRIBUTE}"
```

예를 들어, 보안 그룹의 ID를 사용하려면 다음과 같다.

---

11 CIDR의 작동 방식에 대한 자세한 내용은 다음 웹페이지를 참조한다(http://bit.ly/2l8Ki9g). IP 주소 범위와 CIDR 표기법을 변환하는 편리한 계산기는 다음 웹페이지를 참조한다(http://www.ipaddressguide.com/cidr).

```
"${aws_security_group.instance.id}"
```

aws_instance 리소스에서 해당 보안 그룹 ID를 vpc_security_group_ids 변수로 사용할 수 있다.

```
resource "aws_instance" "example" {
  ami                    = "ami-40d28157"
  instance_type          = "t2.micro"
  vpc_security_group_ids = ["${aws_security_group.instance.id}"]

  user_data = <<-EOF
              #!/bin/bash
              echo "Hello, World" > index.html
              nohup busybox httpd -f -p 8080 &
              EOF

  tags {
    Name = "terraform-example"
  }
}
```

다른 리소스에 대해 채움 참조 문법을 사용하게 된다면 **암시적인 의존성**을 정의해야 한다. 테라폼은 해당 의존성을 읽어 의존성 그래프(graph)를 만들고 그 기반으로 우선순위를 자동으로 정해서 리소스를 생성한다. 예를 들어, 테라폼은 EC2 인스턴스 생성을 위해 보안 그룹 ID가 필요하므로 보안 그룹이 EC2 인스턴스 리소스 전에 생성되어야 한다는 것을 알고 있다. 테라폼 **graph** 명령어를 통해 어떤 의존성이 있는지 확인한다.

```
> terraform graph

digraph {
        compound = "true"
        newrank  = "true"
        subgraph "root" {
                "[root] aws_instance.example" [label = "aws_instance.example",
                shape = "box"]
                "[root] aws_security_group.instance" [label = "aws_security_group.
                instance", shape = "box"]
                "[root] provider.aws" [label = "provider.aws", shape = "diamond"]
                "[root] aws_instance.example" -> "[root] aws_security_group.
                instance"
                "[root] aws_security_group.instance" -> "[root] provider.aws"
                "[root] meta.count-boundary (count boundary fixup)" -> "[root] aws_
                instance.example"
```

```
        "[root] provider.aws (close)" -> "[root] aws_instance.example"
        "[root] root" -> "[root] meta.count-boundary (count boundary
        fixup)"
        "[root] root" -> "[root] provider.aws (close)"
    }
}
```

결괏값은 DOT라는 그래프 설명 언어로 되어 있으며, 다음과 같이 그림 2-11 이미지로 바꿔볼 수 있다. 데스크톱 웹이나 Graphviz 혹은 GraphvizOnline(http://bit.ly/2mPbxmg) 웹으로도 확인할 수 있다.

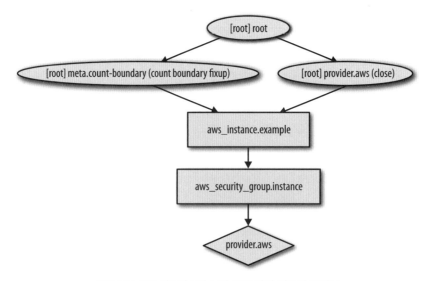

그림 2-11 EC2 인스턴스와 보안 그룹 간의 의존성 그래프

테라폼이 의존성 트리(tree)를 따라서 수행될 때 그것 자체에서도 여러 리소스를 변수 형태로 정의할 수 있으며, 변경사항을 신속하게 적용할 수 있다. 이것이 선언형 언어의 장점이며, 원하는 것을 지정하면 테라폼이 가장 효율적인 방법으로 찾는다.

만약 plan 명령어를 수행하면 테라폼이 보안 그룹을 생성하며, 기존 EC2 인스턴스를 새로운 사용자 데이터를 갖는 것으로 변경한다(-/+ 의미는 '변경').

```
> terraform plan

(...)

+ aws_security_group.instance
    description: "Managed by Terraform"
    egress.#: "<computed>"
    ingress.#: "1"
    ingress.516175195.cidr_blocks.#: "1"
    ingress.516175195.cidr_blocks.0: "0.0.0.0/0"
    ingress.516175195.from_port: "8080"
    ingress.516175195.protocol: "tcp"
    ingress.516175195.security_groups.#: "0"
    ingress.516175195.self: "false"
    ingress.516175195.to_port: "8080"
    owner_id: "<computed>"
    vpc_id: "<computed>"

-/+ aws_instance.example
    ami: "ami-40d28157" => "ami-40d28157"
    instance_state: "running" => "<computed>"
    instance_type: "t2.micro" => "t2.micro"
    security_groups.#: "0" => "<computed>"
    vpc_security_group_ids.#: "1" => "<computed>"
    (...)

Plan: 2 to add, 0 to change, 1 to destroy.
```

테라폼에서 EC2 인스턴스 태그와 같은 메타 데이터 변경 이외의 대부분 변경 사항들은 실제로 완전히 새로운 인스턴스를 만든다. 이것은 8페이지에서 언급한 '서버 템플릿 도구'의 변하지 않는 인프라의 패러다임이다. 웹 서버가 바뀐다는 것은 서비스 사용자로서는 중단할 수도 있다는 의미다. 5장에서 어떻게 중단 없이 배포할 수 있는지 설명할 예정이다.

적용 계획이 문제없다면, apply 명령어를 통해 EC2 인스턴스가 새롭게 배포된 것을 다음의 그림 2-12에서 확인할 수 있다.

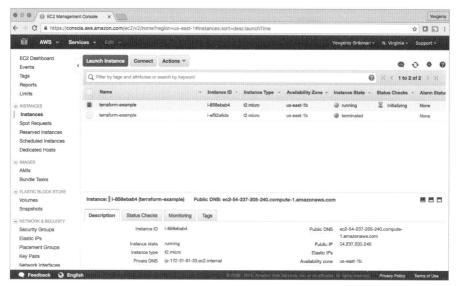

그림 2-12 새로운 웹 서버 EC2 인스턴스로 변경

화면 아래쪽 설명 탭을 보면 EC2 인스턴스의 IPv4 퍼블릭 IP를 확인할 수 있으며, 부팅 후 1~2분 이후 웹 브라우저나 curl 등의 도구를 통해서 해당 IP 주소에 8080 포트로 http 요청을 하여 결과를 확인할 수 있다.

```
> curl http://<EC2_INSTANCE_PUBLIC_IP>:8080
Hello, World
```

지금까지 아마존 웹 서비스 EC2 인스턴스에 웹 서버를 올려서 기동시켜 보았다.

네트워크 보안

이 책의 예제들은 기본 VPC와 VPC의 기본 서브넷을 사용하고 있다. VPC는 하나 이상의 서브넷으로 이루어져 있으며, 각 서브넷 별로 별도의 IP 주소 대역을 갖는다. 기본 VPC에 있는 서브넷들은 모두 **외부로 열려 있는 서브넷**이며, 이는 인터넷을 통해서 IP 주소로 접근할 수 있다는 의미이다. 이 이유로 실습을 수행하는 환경에서 EC2 인스턴스로 접근할 수 있다.

서버를 공인 서브넷에 위치시켜 빠르게 테스트할 수 있으나, 실제 환경에서는 보안 위험이 존재한다. 공격자가 인터넷을 통해 무작위로 IP 주소를 스캔하고 공격을 하기 위한 취약점을 찾는다. 만약 서버가 모두 인터넷에 연동되어 있고 실수로 특정 포트를 보호하지 않거나 보안 취약점이 있는 코드를 **지속해서** 사용한다면 침해당할 수 있다. 그래서 상용 시스템에서는 서버를 배포할 때, 특히 모든 데이터 저장소는 인터넷을 통해서 접근할 수 없는 **사설 서브넷**을 이용해야 한다. 공인 서브넷에 존재하는 서버들은 최소한의 리버스 프락시(reverse proxy) 혹은 로드 밸런서만 배치하여 공격의 가능성을 최소화해야 한다.

설정 가능한 웹 서버 배포하기

이전의 코드를 자세히 보면 aws_instance의 user_data 설정 부분과 aws_security_group의 ingress 설정 부분에 8080 포트에 대한 설정이 중복 작성되어 있음을 알 수 있다. 중복 배제 원칙(DRY, Don't Repeat Yourself)에 어긋나는 부분이며, 같은 변숫값은 하나로 정의해야 하며, 항상 하나로 대표되어야 한다.[12] 이 코드의 경우 포트 수정을 위해 두 군데에 같이 변경을 해야 하지만, 한 곳만 변경하고 다른 곳에는 변경을 빠뜨릴 가능성이 높다.

코드를 보다 DRY 하도록 만들고 유연하게 설정할 수 있도록 작성해야 한다. 테라폼에서는 **입력 변수(input variables)**로 정의할 수 있게 해 놓았다. 변수에 대한 문법 정의는 다음과 같다.

```
variable "NAME" {
  [CONFIG ...]
}
```

변수 선언의 본문에는 세 개의 매개변수가 포함될 수 있으며, 매개변수는 모두 선택 사항이다.

description

이 매개변수를 통해서 변수 사용 방법을 작성하는 것이 매우 좋다. 동료들이 코드를 이해하는 것뿐만 아니라 plan, apply의 명령어를 수행할 때도 도움이 된다.

default

변수에 값을 제공하는 방법은 여러 가지가 있다. 예를 들어, 명령어와 함께 수행(-var 옵션)하거나 파일(--var-file 옵션)을 불러오는 방법, 그리고 환경변수(TF_VAR_<변수이름>)를 통해 전달하는 방법이 있다. 만약 전달되는 변수가 없다면, 변수는 이 기본값을 사용한다. 기본값마저 존재하지 않는다면 테라폼에서 사용자 입력으로 받도록 화면에 호출한다.

type

문자열, 리스트 혹은 맵(map) 값 중 하나여야 한다. 타입을 지정하지 않았다면 테라폼이 알아서 기본값의 변수 속성을 선택할 것이며, 기본값 역시 정의되어 있지 않다면 문자열로 판단한다.

---

12 《실용주의 프로그래머(Program, Programming, Programmer)》(앤드류 헌트, 데이비드 토머스 지음, 김창준, 정지호 옮김, 인사이트, 2014)

리스트 입력 변수에 대한 예제는 다음과 같다.

```
variable "list_example" {
  description = "An example of a list in Terraform"
  type        = "list"
  default     = [1, 2, 3]
}
```

맵 타입 입력 변수의 예제는 다음과 같다.

```
variable "map_example" {
  description = "An example of a map in Terraform"
  type        = "map"

  default = {
    key1 = "value1"
    key2 = "value2"
    key3 = "value3"
  }
}
```

웹 서버 예제에서 필요한 것은 테라폼의 변수 숫자이며, 문자열로 자동으로 강제 변환되므로 형식을 생략할 수 있다.[13]

```
variable "server_port" {
  description = "The port the server will use for HTTP requests"
}
```

server_port는 기본값이 없는 변수이며, plan, apply 명령어를 수행할 때 테라폼이 설명과 같이 입력하도록 화면에 프롬프트를 호출한다.

```
> terraform plan

var.server_port
  The port the server will use for HTTP requests
```

---

13 테라폼을 사용하면 따옴표 없이 숫자와 불린을 지정할 수 있지만, 내부적으로는 문자열로 모두 변환된다. 숫자는 예상대로 1이 "1"이 될 때마다 변환된다. 부울은 먼저 숫자로 변환된 다음 문자열로 변환되므로 true는 "1"이 되고, false는 "0"이 된다.

```
Enter a value:
```

만약 대화형 프롬프트를 통해 입력을 받지 않는다면 명령어 줄 옵션에 -var를 통하여 변숫값을 제공할 수 있다.

```
> terraform plan -var server_port="8080"
```

매번 plan, apply 명령어를 통해 변숫값을 입력하는 것을 잊지 않기 위해서 default 설정을 정의하는 것이 효율적이다.

```
variable "server_port" {
  description = "The port the server will use for HTTP requests"
  default     = 8080
}
```

테라폼 코드에서 입력받은 변수를 처리하기 위해서는 채움 참조 구문을 다시 활용해야 하며, 다음과 같은 형태로 작성하면 된다.

```
"${var.server_port}"
```

다음은 server_port를 활용해 보안 그룹의 from_port, to_port에 변수로 입력해야 하는 예제다.

```
resource "aws_security_group" "instance" {
  name = "terraform-example-instance"

  ingress {
    from_port   = "${var.server_port}"
    to_port     = "${var.server_port}"
    protocol    = "tcp"
    cidr_blocks = ["0.0.0.0/0"]
  }
}
```

비슷한 문법으로 EC2 인스턴스에 포트 번호를 설정하는 비지박스 부분은 다음과 같이 변수 처리한다.

```
user_data = <<-EOF
            #!/bin/bash
            echo "Hello, World" > index.html
            nohup busybox httpd -f -p "${var.server_port}" &
            EOF
```

테라폼에서는 입력 변수 이외에 출력 변수 역시 다음과 같이 설정할 수 있다.

```
output "NAME" {
  value = VALUE
}
```

예를 들어, EC2 콘솔에서 보는 서버의 공인 IP 주소를 출력하고 싶다면 다음과 같이 출력 변수로 설정하면 된다.

```
output "public_ip" {
  value = "${aws_instance.example.public_ip}"
}
```

또다시 채움 참조 문법을 사용해야 하며, aws_instance 리소스에서 public_ip에 대한 속성값을 참조하여 출력한다. apply 명령어를 다시 수행하고 변경된 사항이 없으므로 추가한 출력 변수가 맨 마지막 부분에 출력된다.

```
> terraform apply

aws_security_group.instance: Refreshing state... (ID: sg-db91dba1)
aws_instance.example: Refreshing state... (ID: i-61744350)

Apply complete! Resources: 0 added, 0 changed, 0 destroyed.

Outputs:

public_ip = 54.174.13.5
```

테라폼 apply 명령어를 통한 콘솔 출력으로 확인할 수 있다. 또한, terraform output 명령어를 통해 전체 출력 목록의 값을 확인할 수 있고, 다음과 같이 출력 변수 값을 출력할 수도 있다.

```
> terraform output public_ip
54.174.13.5
```

이와 같은 입력, 출력 변수는 인프라형 코드를 만드는데 매우 필수적인 요소이며, 4장에서 더 상세하게 활용하는 법을 배운다.

웹 서버 클러스터 구성하기

단일 서버를 기동시키는 것은 좋은 시작이었으나 실제 환경에서는 하나의 웹 서버만 존재한다면 단일 장애점 요소(SPOF, Single Point Of Failure)가 될 것이다. 서버가 크래쉬(crash) 되거나 트래픽 부하를 견디지 못했을 때 사용자는 서비스에 접근하지 못한다. 이와 같은 문제점을 제거하기 위해 웹 서버를 클러스터로 구성하고 하나의 서버에 문제가 발생하더라도 다른 서버들로 트래픽을 분산시켜 트래픽 규모에 맞춰서 클러스터를 늘리거나 줄여야 한다.[14]

클러스터를 수동으로 운영하기 위해서는 많은 작업이 필요하다. 다행히도 아마존 웹 서비스에서는 자동 스케일링 그룹(ASG, Auto Scaling Group)을 지원하여 EC2 인스턴스를 관리하거나, 서버의 상태 정보를 감시하여 문제 있는 서버를 제외한다. 이렇게 클러스터 개수를 부하에 맞춰서 조정함으로써 클러스터 관리를 자동화할 수 있다.

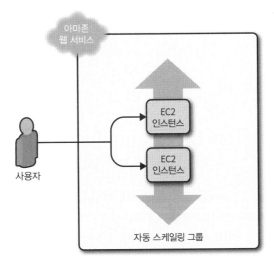

그림 2-13 단일 서버 대신에 클러스터를 자동 스케일링 그룹으로 묶었을 경우

---

14 아마존 웹 서비스에서 고가용성과 확장성 있는 시스템의 설계를 더 자세히 보고자 한다면 다음을 참조한다(http://bit.ly/2mpSXUZ).

자동 스케일링 그룹을 구성하기 위한 첫 번째 작업은 EC2 인스턴스를 ASG에 설정하는 시작 구성(launch configuration)을 생성하는 것이다. 테라폼의 리소스 이름은 aws_launch_configuration이며, aws_instance 리소스의 매개변수와 항목이 거의 비슷하다. 다음과 같이 간단하게 작성할 수 있다.

```
resource "aws_launch_configuration" "example" {
  image_id        = "ami-40d28157"
  instance_type   = "t2.micro"
  security_groups = ["${aws_security_group.instance.id}"]

  user_data = <<-EOF
              #!/bin/bash
              echo "Hello, World" > index.html
              nohup busybox httpd -f -p "${var.server_port}" &
              EOF

  lifecycle {
    create_before_destroy = true
  }
}
```

한 가지 다른 점은 ASG의 시작 구성 설정을 위해 lifecycle 변수가 추가된 것이다. lifecycle 변수는 meta-parameter의 한 예시이며, 테라폼의 모든 리소스에 존재하는 매개변수다. lifecycle 항목을 모든 리소스에 추가하여 해당 리소스를 생성, 업데이트 또는 삭제하는 방법을 구성할 수 있다.

lifecycle에서 한 가지 가능한 설정은 create_before_destroy 값이며, true로 설정한다면 테라폼은 항상 기존 리소스가 삭제되기 전에 새로운 리소스를 생성한다. 예를 들어, EC2 인스턴스의 변화에 대해 create_before_destroy 값을 true로 한다면 항상 기존 인스턴스를 삭제하기 전에 새로운 인스턴스를 생성할 것이다.

어떤 리소스에 대해 create_before_destroy 값을 설정한다면 그 리소스에 관련된 모든 리소스를 같이 설정해야 한다(만약 설정되어 있지 않다면 의존성 에러가 발생한다). 시작 구성에 대해서는 보안 그룹에 대해 같이 create_before_destroy 값을 설정해야 한다.

```
resource "aws_security_group" "instance" {
  name = "terraform-example-instance"

  ingress {
```

```
    from_port   = "${var.server_port}"
    to_port     = "${var.server_port}"
    protocol    = "tcp"
    cidr_blocks = ["0.0.0.0/0"]
  }

  lifecycle {
    create_before_destroy = true
  }
}
```

이제 ASG를 aws_autoscaling_group 리소스를 통해 생성한다.

```
resource "aws_autoscaling_group" "example" {
  launch_configuration = "${aws_launch_configuration.example.id}"

  min_size = 2
  max_size = 10

  tag {
    key                 = "Name"
    value               = "terraform-asg-example"
    propagate_at_launch = true
  }
}
```

이 ASG는 2개에서 10개의 EC2 인스턴스를 생성하고(기본적으로 초기 구성은 2개), 모든 EC2 인
스턴스의 태그 이름은 'terraform-asg-example'로 정의하였으며, 시작 구성에 대해서는 '${aws_
launch_configuration.example.id}'와 같이 채움 참조 구문으로 변수 처리되었다. 또한, ASG
를 원활하게 동작시키기 위해서는 availability_zones 값을 하나 이상 정의해야 하며, 이 값은
ASG를 통해 생성되는 EC2 인스턴스를 어느 가용 영역에 배치할지를 정하는 설정이다. 각 AZ
는 아마존 웹 서비스의 독립된 데이터 센터이며, 인스턴스는 여러 AZ에 걸쳐서 생성할 수 있
다. 아마존 웹 서비스에 서비스를 구성할 때는 AZ에 문제가 발생할 수도 있다고 가정하고 설
계를 해야 한다. AZ 정보에 대해서 ["us-east-1a", "us-east-1b"] 형태로 직접 입력할 수 있으나
아마존 웹 서비스 계정마다 AZ 목록에 대해 차이가 있으므로 aws_availability_zones의 데이
터 소스로 아마존 웹 서비스 계정에 있는 모든 가용 AZ를 가져오도록 설정해야 한다.

```
data "aws_availability_zones" "all" {}
```

데이터 소스는 공급자가 제공하는 읽기 전용 정보를 테라폼이 수행될 때마다 가져올 수 있다. 데이터 소스는 테라폼의 설정에 새로운 것을 추가하는 게 아니라 공급자의 API를 통해서 가지고 오는 것이다. 가용 영역의 정보뿐 아니라 AMI ID, IP 주소 대역, 현재 사용자의 정보 등을 가져올 수 있다.

데이터 소스를 참조하기 위해서는 다음과 같은 형태로 테라폼 코드를 작성한다.

```
"${data.TYPE.NAME.ATTRIBUTE}"
```

예를 들어, 다음은 aws_availability_zones 데이터 소스에서 ASG의 availability_zones 매개변수로 AZ의 이름을 전달하는 방법이다.

```
resource "aws_autoscaling_group" "example" {
  launch_configuration = "${aws_launch_configuration.example.id}"
  availability_zones   = ["${data.aws_availability_zones.all.names}"]

  min_size = 2
  max_size = 10

  tag {
    key                 = "Name"
    value               = "terraform-asg-example"
    propagate_at_launch = true
  }
}
```

로드 밸런서 배포하기

이전 단원에서 자동 스케일링 그룹을 배포하였지만, 한 가지 문제가 있다. 여러 개의 서버를 운영하기 위해서는 각 서버의 공인 IP가 아닌 하나의 대표 IP가 존재해야 한다. 이를 해결하기 위해 **로드 밸런서**를 활용해야 하며, 서비스 트래픽을 수용하기 위해 로드 밸런서의 IP 혹은 도메인 이름을 서비스 앞에 노출해야 한다. 이것은 높은 가용성과 다양한 확장성을 갖게 해준다. 아마존 웹 서비스에서는 다음 그림과 같이 **ELB(Elastic Load Balancer)**를 통해 부하 분산 서비스를 제공한다.[15]

---

15 이 책에서는 클래식 ELB를 사용하지만, HTTP 기반의 서비스라면 최근에 아마존 웹 서비스에서 발표한 ALB(Application Load Balancer)가 보다 적합하다(http://amzn.to/2llkcee).

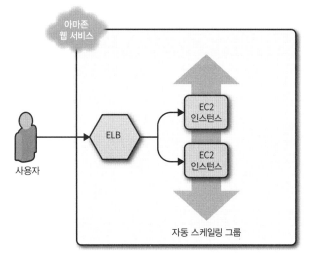

그림 2-14 ELB를 활용하여 자동 스케일링

ELB를 테라폼에서 사용하기 위해 aws_elb의 리소스를 활용한다.

```
resource "aws_elb" "example" {
  name               = "terraform-asg-example"
  availability_zones = ["${data.aws_availability_zones.all.names}"]
}
```

이 ELB는 여러 가용 영역에 걸쳐 구성되며, 라우팅 요청이 일어나기 전까지는 동작하지 않는다. 또한, 특정 포트에 대한 트래픽을 라우팅하기 위해 하나 이상의 리스너를 설정한다.

```
resource "aws_elb" "example" {
  name               = "terraform-asg-example"
  availability_zones = ["${data.aws_availability_zones.all.names}"]

  listener {
    lb_port           = 80
    lb_protocol       = "http"
    instance_port     = "${var.server_port}"
    instance_protocol = "http"

  }
}
```

이 코드는 ELB가 포트 80번(HTTP의 기본 포트)으로 HTTP 응답을 받아서 ASG에 있는 웹 서버로 트래픽을 전달하는 설정이다. 다시 한번 말하자면 ELB 역시 EC2와 같이 기본적으로 들어오고 나가는 트래픽에 대해서는 허용하지 않으며, 보안 그룹에 포트 80번 트래픽에 대해 정의한 후 연동시켜야 한다.

```
resource "aws_security_group" "elb" {
  name = "terraform-example-elb"

  ingress {
    from_port   = 80
    to_port     = 80
    protocol    = "tcp"
    cidr_blocks = ["0.0.0.0/0"]
  }
}
```

그리고 ELB의 security_groups 변수에 해당 보안 그룹을 추가한다.

```
resource "aws_elb" "example" {
  name               = "terraform-asg-example"
  availability_zones = ["${data.aws_availability_zones.all.names}"]
  security_groups    = ["${aws_security_group.elb.id}"]

  listener {
    lb_port           = 80
    lb_protocol       = "HTTP"
    instance_port     = "${var.server_port}"
    instance_protocol = "http"

  }
}
```

또한, ELB는 EC2 인스턴스의 상태를 지속해서 확인하는 기능이 있으며, 만약 인스턴스의 상태가 비정상적이면 해당 서버로 트래픽을 전달하지 않는다. ELB에 상태 검사(health check) 블록을 설정하여 상태를 지속해서 확인할 수 있다. 예를 들어, 다음은 30초마다 '/' URL로 HTTP 요청을 하여 ASG에 있는 인스턴스의 응답이 '200 OK'인지 확인하는 설정이다.

```
resource "aws_elb" "example" {
  name               = "terraform-asg-example"
  availability_zones = ["${data.aws_availability_zones.all.names}"]
  security_groups    = ["${aws_security_group.elb.id}"]
```

```
  listener {
    lb_port          = 80
    lb_protocol      = "http"
    instance_port    = "${var.server_port}"
    instance_protocol = "http"
  }

  health_check {
    healthy_threshold   = 2
    unhealthy_threshold = 2
    timeout             = 3
    interval            = 30
    target = "HTTP:${var.server_port}/"
  }
}
```

상태 체크를 요청하기 위해서 ELB의 보안 그룹에 다음과 같이 내보내는 트래픽을 허용해야
한다.

```
resource "aws_security_group" "elb" {
  name = "terraform-example-elb"

  ingress {
    from_port   = 80
    to_port     = 80
    protocol    = "tcp"
    cidr_blocks = ["0.0.0.0/0"]
  }

  egress {
    from_port   = 0
    to_port     = 0
    protocol    = "-1"
    cidr_blocks = ["0.0.0.0/0"]
  }
}
```

어떻게 ELB는 요청을 보낼 EC2 인스턴스들을 알 수 있는가? ELB의 인스턴스 매개변수를 사
용하여 EC2 인스턴스의 고정된 목록을 ELB에 연결할 수 있지만, ASG를 사용하면 인스턴
스가 언제든지 시작되거나 종료될 수 있으므로 고정된 목록을 활용할 수 없다. 대신에 aws_
autoscaling_group 리소스에서 load_balancers 매개변수를 설정하여 인스턴스가 시작될 때
ELB에 각 인스턴스를 등록하도록 ASG에 요청할 수 있다.

```
resource "aws_autoscaling_group" "example" {
  launch_configuration = "${aws_launch_configuration.example.id}"
  availability_zones   = ["${data.aws_availability_zones.all.names}"]

  load_balancers    = ["${aws_elb.example.name}"]
  health_check_type = "ELB"

  min_size = 2
  max_size = 10

  tag {
    key                 = "Name"
    value               = "terraform-asg-example"
    propagate_at_launch = true
  }
}
```

health_check_type을 이제는 ELB로 설정하였으며, ASG를 통해 인스턴스가 정상적인지 판단하고 아니라면 다른 인스턴스로 교체하도록 요청한다.

로드 밸런서를 배포하기 전에 마지막으로 단일 EC2 인스턴스에 설정한 IP 대신 ELB의 도메인 이름을 출력하도록 한다.

```
output "elb_dns_name" {
  value = "${aws_elb.example.dns_name}"
}
```

plan 명령어를 통해서 변경 사항이 정확히 적용되었는지 확인한다. 기존에 배포된 EC2 인스턴스는 삭제되고 새로 배포된 것을 확인할 수 있으며, 테라폼이 시작 구성, ASG, ELB, 보안 그룹을 생성하는 것을 알 수 있다. 적용된 정보가 문제없는 것을 확인하고 apply 명령어 수행이 완료되면 elb_dns_name이 출력된다.

```
Outputs:
elb_dns_name = terraform-asg-example-123.us-east-1.elb.amazonaws.com
```

출력된 URL을 복사한다. 인스턴스 시작 후 몇 분이 지나면 ELB에 인스턴스 상태 정보가 정상으로 확인될 것이다. EC2 콘솔의 ASG 섹션(https://console.aws.amazon.com/ec2/autoscaling/home)을 통해서 배포된 것을 확인할 수 있으며, 다음 그림 2-15에서 ASG 생성 여부도 확인할 수 있다.

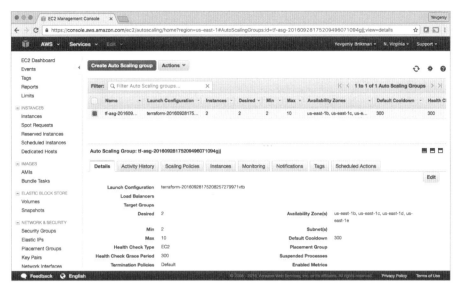

그림 2-15 자동 스케일링 그룹

인스턴스 화면으로 이동하면 다음 그림 2-16처럼 두 개의 인스턴스가 시작된 것을 확인할 수 있다.

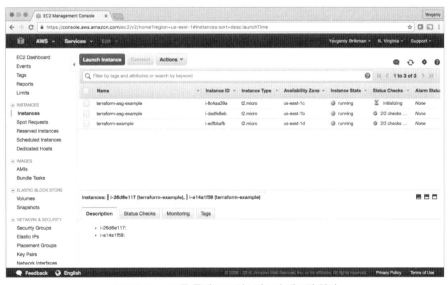

그림 2-16 ASG를 통해 EC2 인스턴스가 배포된 화면

마지막으로, 로드 밸런서 화면으로 이동 시 ELB가 생성된 것을 그림 2-17에서 확인할 수 있다.

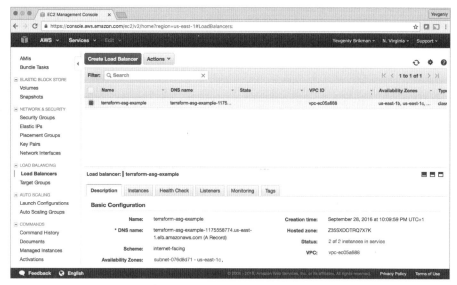

그림 2-17 ELB

상태(status) 검사 항목에서 '2개의 인스턴스가 모두 다 서비스'라고 나오기까지 통상적으로 1~2분 소요된다. 여기까지 확인했다면 이전에 복사한 elb_dns_name을 복사하여 http 요청을 한다.

```
> curl http://<elb_dns_name>
Hello, World
```

성공했다! 이제부터 ELB는 EC2 인스턴스로 트래픽을 전달하며, URL을 요청할 때마다 다른 인스턴스에서 응답에 대해 요청을 하며, 웹 서버를 클러스터로 사용할 수 있게 되었다. 이 시점에서 클러스터가 새로운 인스턴스를 시작하거나, 이전 인스턴스를 종료하는데 어떻게 반응하는지 확인할 수 있다. 확인을 위해 EC2 대시보드의 인스턴스 탭으로 가서 인스턴스 중 하나를 선택한 뒤 콘솔 위에 있는 '작업' 버튼을 선택하고, 인스턴스 상태를 '종료(Terminate)'로 설정하여 해당 리소스를 삭제시킨다. ELB가 하나의 인스턴스 상태가 비정상적임을 자동으로 감지하고 이에 대한 라우팅을 중지하므로 인스턴스를 삭제하더라도 요청에 대해 200 OK 응답을 받는다. 흥미롭게도 인스턴스가 하나 삭제되어 상태가 비정상적인 상황을 ASG가 짧은 시간에 인지하여 자동으로 다시 두 개의 인스턴스로 맞추기 위해 새로 하나의 인스턴스를 생성한다 (자체 복구). 만약 ASG의 인스턴스 수량을 변경하고자 하면, desired_capacity의 값을 변경하고 테라폼을 다시 수행한다.

정리

이 장의 마지막 부분이나 모든 장의 끝부분에서 테라폼을 수행한 후에는 비용이 발행하지 않도록 작성한 모든 리소스를 제거하는 것을 권한다. 테라폼은 사용자가 생성한 리소스를 추적하므로 다음과 같이 간단한 명령어로 정리가 가능하다.

```
> terraform destroy

Do you really want to destroy?
  Terraform will delete all your managed infrastructure.
  There is no undo. Only 'yes' will be accepted to confirm.

Enter a value:
```

입력값을 'yes'로 작성하고 수행하면 테라폼이 의존성 그래프를 생성한 다음 우선순위에 맞게 최대한 병렬로 삭제한다. 1~2분 후에 아마존 웹 서비스 계정에 배포된 리소스가 삭제된다. 이 책의 뒷부분에서 이 예제를 계속 발전시킬 것이므로 테라폼 코드는 계속 유지한다. 배포된 실습 환경을 삭제하더라도 테라폼 코드는 계속해서 이 예제에 살을 덧붙일 것이므로 본인의 작업 공간에 저장해 놓아야 한다. 결국, 코드형 인프라의 장점은 이러한 리소스에 대한 모든 정보가 코드로 저장되고 언제든지 같은 인프라 환경을 한 줄의 코드(terraform apply)로 생성할 수 있다는 점이다. 또한, 깃을 사용하여 최근 변경사항을 커밋하면서 인프라에 대한 변경 사항을 추적할 수 있다.

결론

이제 테라폼 사용법에 대한 기본적인 지식을 얻었으며, 선언형 언어를 통해서 쉽게 원하는 인프라를 코드 형태로 만들 수 있는 부분을 확인하였다. plan 명령어를 통해 변경 사항을 확인하고 생성할 때 발생할 오류에 대해 미리 확인할 수 있었다. 또한, 채움 참조 구문과 의존성을 통해 코드의 중복을 제거하고 더욱 설정이 유연한 형태로 만들 수 있었다.

하지만 아직은 시작 단계에 불과하다. 3장에서는 이미 만들어진 인프라에 대해 어떻게 테라폼으로 유지할 수 있을지와 테라폼 코드를 구성하는 기본적인 방법에 대해 알아본다. 또한, 테라폼 모듈을 통해 어떻게 재사용할 수 있을지를 알아본다.

3

테라폼 상태 관리

2장에서는 테라폼을 사용하여 리소스를 만들고 추가하는 방법과 terraform plan과 terraform apply를 통해 변경사항을 파악할 수 있었으며, 테라폼이 수행될 때 이전에 작성한 리소소를 인지하고 업데이트할 수 있다는 것을 알았다. 그러나 실제로 테라폼이 어떤 리소스를 관리해야 하는지 어떻게 알 수 있을까? 다양한 방법을 통해(일부는 수동, 일부는 테라폼을 통해, 일부는 CLI를 통해) 아마존 웹 서비스 계정에 다양한 인프라가 배포되어 있다. 테라폼이 담당하고 있는 리소스는 어떻게 알 수 있을까?

이 장에서는 테라폼이 인프라 상태를 관리하는 방법과 테라폼 프로젝트에서 파일 레이아웃과 분리(isolating) 및 잠금(locking)에 대한 기술이 어떻게 적용되는지 알아본다.

- 테라폼 상태는 무엇인가?
- 상태 파일을 공유하기
- 상태 파일 잠금
- 상태 파일 분리
- 파일 레이아웃
- 읽기 전용 상태

예제 코드

이 책의 모든 예제 코드는 다음 사이트에서 확인할 수 있다. https://github.com/stitchlabio/
terraform-up-and-running-code

테라폼 상태는 무엇인가?

테라폼을 수행할 때마다 **state 파일**을 생성하여 인프라의 모든 정보를 저장해 놓고 있다. 기본적으로 **/foo/bar** 디렉터리에서 테라폼을 수행하였다면 **/foo/bar/terraform.tfstate** 파일로 상태 정보 파일이 작성되었을 것이다. 이 파일은 JSON 형식으로 실제 환경의 리소스와 대응(mapping)되는 정보들이 저장되어 있다. 예를 들어, 테라폼이 다음의 구성 정보를 갖고 있다고 가정한다.

```
resource "aws_instance" "example" {
  ami           = "ami-40d28157"
  instance_type = "t2.micro"
}
```

테라폼을 수행한 후에 **terraform.tfstate** 파일에 다음과 같은 내용이 생성된다.

```
{
  "aws_instance.example": {
    "type": "aws_instance",
    "primary": {
      "id": "i-66ba8957",
      "attributes": {
        "ami": "ami-40d28157",
        "availability_zone": "us-east-1d",
        "id": "i-66ba8957",
        "instance_state": "running",
        "instance_type": "t2.micro",
        "network_interface_id": "eni-7c4fcf6e",
        "private_dns": "ip-172-31-53-99.ec2.internal",
        "private_ip": "172.31.53.99",
        "public_dns": "ec2-54-159-88-79.compute-1.amazonaws.com",
        "public_ip": "54.159.88.79",
        "subnet_id": "subnet-3b29db10"
      }
    }
  }
}
```

간단한 JSON 포맷을 사용하여, 테라폼은 aws_instance.example ID가 i-66ba8957인 아마존 웹 서비스 계정의 EC2 인스턴스에 해당하는 것을 알 수 있다. 매번 테라폼을 수행할 때 아마존 웹 서비스에서 EC2 인스턴스의 최신 상태를 가져와 테라폼 구성의 내용과 비교하여 적용해야 할 변경 사항을 결정할 수 있다.

상태 파일은 내부 API와 동일

상태 파일 내용은 매번 배포 때마다 변경되며, 내부적인 API처럼 사용된다. 이 의미는 테라폼 내부적으로만 사용되어야 하며, 직접 파일을 작성하거나 수정해서는 안 된다.

만약 해당 상태 파일을 특별한 사유 때문에 불가피하게 관리를 해야 한다면 terraform import 명령어(5장에서 다룰 예정) 혹은 terraform state 명령어를 예외적으로 사용해야 한다.

만약 테라폼을 개인적인 프로젝트용으로 사용하고 있다면, 직접 **terraform.tfstate**에 저장해서 남겨도 문제가 없다. 하지만 테라폼을 팀이나 단체에서 사용하고자 하면 다음의 요구 사항들을 잘 지켜야 한다.

상태 파일의 공유 스토리지

테라폼을 사용하여 인프라를 업데이트하려면 각 팀의 구성원이 같은 테라폼 상태 파일에 액세스해야 한다. 공유 볼륨과 같은 누구나 접근 가능한 영역에서 파일을 관리해야 한다.

상태 파일의 잠금

공유되었다면 새로운 문제에 직면한다. 한 번에 다중 사용자가 접근하여 여러 테라폼 프로세스가 상태 파일을 동시에 업데이트하여 충돌, 데이터 손실, 상태 파일 손상을 유발할 수 있으므로 상태 파일을 잠가야 하며, 이로 인해 경쟁상태(race condition)가 발생할 수 있다.

상태 파일의 분리

인프라를 변경할 때 환경별로 분리해 놓는 것이 가장 효과적이다. 예를 들어, 테스트 혹은 스테이징 환경을 변경해야 한다고 하면 상용 환경에 영향을 전혀 주지 않아야 한다. 하지만 모든 인프라가 같은 테라폼 상태 파일에 정의되어 있으면 변경 사항을 어떻게 분리할 수 있을까?

지금부터 이러한 문제의 해결 방법을 알아본다.

상태 파일 공유하기

여러 팀 사람들과 같은 파일을 공유하기 위해서 가장 흔하게 사용되는 방법이 버전 관리 도구 (깃과 같은)를 사용하는 것이다. 하지만 테라폼 상태 파일을 이용하는 것은 다음의 두 가지 이유로 **옳지 못한 방법**이다.

수동 실수

테라폼을 실행하기 전에 버전 관리에서 최신 변경 사항을 가져오지 않거나 테라폼을 실행한 후 버전 관리에서 최신 변경 사항을 업데이트하는 것을 잊어버리는 일이 종종 벌어진다. 특히 팀의 누군가가 오래된 상태 파일을 사용하여 테라폼을 실행하거나 실수로 이전 배포를 롤백, 복원하는 것은 어디서나 벌어지는 상황이다.

보안

테라폼의 상태 파일은 모두 일반 텍스트로 저장된다. 이는 특정 테라폼 리소스가 중요한 데이터를 저장해야 하므로 문제가 된다. 예를 들어, aws_db_instance의 리소스가 데이터베이스를 생성하는 역할을 하는데 데이터베이스의 이름과 비밀번호가 작성되어야 한다. 이는 상태 파일에 일반 텍스트로 저장됨을 의미한다. 중요한 정보들이 일반 문자로 저장된다는 것은 버전 관리 시스템에서 매우 좋지 못한 경우다. 2016년 11월, 해당 상황에 대해 테라폼 커뮤니티에서 논의가 있었으며, 임시방편으로 처리 방안을 모색했다. 이 내용은 나중에 다시 다룬다.

가장 효율적인 것은 버전 관리 시스템을 쓰는 것이 아니라 공유 스토리지에 상태 파일을 공유하는 것이다. 테라폼은 **Remote State Storage**를 내장으로 제공하고 있으며, terraform backend 설정을 통해 사용할 수 있다. 테라폼이 실행될 때마다 원격 저장소에서 상태 데이터를 가져와 저장하도록 구성할 수 있으며, 몇 가지 유명한 저장소를 지원한다. 예로 아마존 S3, 애저 저장소, 하시코프 컨설(Consul), 테라폼 프로, 엔터프라이즈 등이 있다.

일반적으로 다음과 같은 이유로 아마존 S3를 추천한다.

- 관리형 서비스라서 이를 사용하기 위한 추가적인 인프라가 필요하지 않다.
- 99.999999999% 내구성과 99.99% 가용성을 제공하여 데이터가 손실될 염려가 없다.[1]
- 암호화를 제공하며, 상태 파일에 저장되는 민감한 데이터 유출에 대해 걱정하지 않아도

---

[1] S3의 내구성에 대해 알아보려면 다음을 확인한다(https://aws.amazon.com/s3/details/#durability).

된다. 하지만 팀에 있는 누군가가 S3 버킷에 접근할 때 다시 암호화하지 않은 형태도 볼 수 있다. 이것은 아직 부분적인 해결책이지만, 최소한 데이터는 암호화된다(S3의 서버 영역은 AES-256으로 암호화되며, 데이터 송수신할 때 역시 SSL 방식으로 암호화된다).

- 버전 관리를 지원하므로 상태 파일의 모든 버전이 저장된다. 문제가 발생하면 항상 이전 버전으로 롤백할 수 있다.
- 비용이 저렴하며, 테라폼을 프리 티어에서 활용할 수 있다.[2]

S3와 분산된 팀

S3는 궁극적으로 일관된(eventually consistent) 파일을 유지해 주는 저장소이므로 변경 사항을 전파하는 데 몇 초 걸릴 수 있다. 같은 테라폼 상태를 자주 변경하는 지리적으로 분산된 대규모 팀이라면 오랫동안 업데이트되지 않은 상태로 끝날 가능성이 있다. 이러면 다른 원격 저장소를 써야 하며, 테라폼 Pro나 테라폼 Enterprise를 사용해야 한다.

S3에서 원격 상태 저장을 사용하려면 첫 번째 단계는 S3 버킷을 만들어야 한다. **main.tf** 파일을 새 폴더에 만들고(이 파일은 2장의 구성을 저장하는 폴더와는 다른 폴더여야 함), 파일의 맨 위에 아마존 웹 서비스를 공급자로 지정한다.

```
provider "aws" {
  region = "us-east-1"
}
```

이 다음에 aws_s3_bucket 리소스를 통해 S3 Bucket을 생성한다.

```
resource "aws_s3_bucket" "terraform_state" {
  bucket = "terraform-up-and-running-state"

  versioning {
    enabled = true
  }

  lifecycle {
    prevent_destroy = true
  }
}
```

---

2 S3의 가격에 대해서는 다음을 확인한다(https://aws.amazon.com/s3/pricing/).

이 코드에는 3가지 매개변수가 있다.

bucket

이것은 S3 버킷의 이름이며, 전 세계적으로 고유한 값이어야 한다. 그러므로 실습에서 사용하는 버킷 매개변수 이름을 본인의 고유한 변수로 바꿔서 작성해야 한다.[3] 이 이름을 기억하고 사용 중인 아마존 웹 서비스 지역을 기록해 놓아야 한다. 이 두 정보가 모두 다시 필요하다.

versioning

S3 버킷에 버저닝을 수행할지에 대한 부분이다. 따라서 버킷에 있는 파일을 업데이트할 때마다 실제로 해당 파일의 새 버전이 만들어진다. 이를 통해 언제든지 이전 버전의 파일을 보고 이전 버전으로 되돌릴 수 있다.

prevent_destroy

prevent_destroy는 lifecycle 속성 중 하나다(지난번에 create_before_destroy에 대해 알아보았다). 삭제 보호에 대한 속성을 활성화해 놓으면 리소스 제거 요청이 왔을 때(예를 들어, terraform destroy) 오류가 발생한다. 이것은 테라폼 상태를 저장하고 있는 S3 bucket 같은 중요한 리소스를 우연히 삭제하는 것을 방지하기 위한 좋은 방법이다.

terraform plan을 수행한 후, 적용 대상이 문제없다고 판단되면 apply 명령어로 버킷을 생성한다. 적용 후 S3 bucket은 생성되었지만, 테라폼 상태 파일은 아직 로컬에 저장될 것이다. S3 bucket에 상태를 저장(및 암호화)하도록 테라폼을 구성하려면 다음과 같이 백엔드 설정을 하고 적용하면 된다.

```
terraform {
  backend "s3" {
    bucket  = "(YOUR_BUCKET_NAME)"
    key     = "terraform.tfstate"
    region  = "us-east-1"
    encrypt = true
  }
}
```

백엔드 정보가 처음 설정되었기 때문에 init 명령어를 통해 초기 정보를 구성한다.

---

3 S3 버킷 이름에 대한 자세한 내용은 다음을 참조한다(http://bit.ly/2b1s7eh).

```
> terraform init

Initializing the backend...
Do you want to copy existing state to the new backend?
(...)
  Enter a value: yes

Successfully configured the backend "s3"! Terraform will automatically
use this backend unless the backend configuration changes.

Initializing provider plugins...
(...)

Terraform has been successfully initialized!
(...)
```

이 명령어 수행 후 테라폼 상태 정보는 S3 버킷에 저장될 것이다. S3 콘솔을 통해 다음 그림에서 확인할 수 있다.

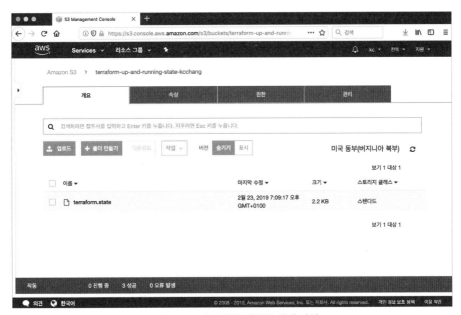

그림 3-1 S3에 저장된 테라폼 상태 파일

원격에 상태 파일이 저장되면, 테라폼이 자동으로 해당 S3 버킷으로부터 최신 파일을 업데이트하고, 테라폼 명령어 수행 후 다시 최신 상태의 파일로 저장한다. 수행 내역을 확인하기 위해 다음과 같은 변수를 출력한다.

```
output "s3_bucket_arn" {
  value = "${aws_s3_bucket.terraform_state.arn}"
}
```

이 값은 ARN(Amazon Resource Name, 아마존 리소스 이름)을 출력하며, 테라폼 명령어 수행 시 다음과 같이 확인할 수 있다.

```
> terraform apply

aws_s3_bucket.terraform_state: Refreshing state...(ID: terraform-up-and-running-
state-kcchang)

Apply complete! Resources: 0 added, 0 changed, 0 destroyed.

Outputs:

s3_bucket_arn = arn:aws:s3:::terraform-up-and-running-state-kcchang
```

S3 대시보드에서 버전 항목에 '표시' 버튼을 선택하여 활성화하면 다음 그림처럼 terraform. tfstate 파일에 대한 버전을 확인할 수 있다.

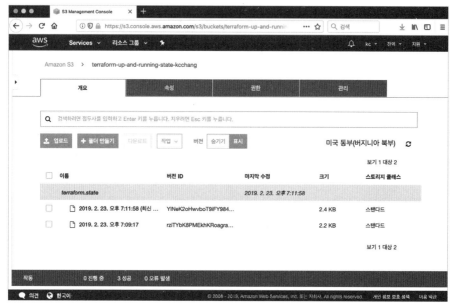

그림 3-2 테라폼 상태 파일의 버전

이것은 테라폼이 자동으로 상태 데이터를 S3에서 보내고(push) 가져오는(pull), 즉 S3가 상태 파일의 모든 버전을 저장함을 의미한다. 혹시 잘못된 것이 있다면 디버깅 및 이전 버전으로의 롤백에 유용하다.

상태 파일 잠금

원격지에 파일을 저장하는 것으로 몇 가지 문제는 해결하였지만, 팀에서 공통으로 사용하기에는 한 가지 문제가 더 남아 있다.

원격 저장소를 통해 테라폼 상태를 저장한 후 두 개발자가 같은 상태 파일에서 동시에 테라폼을 사용하는 경우 경쟁 상태가 계속 발생할 수 있다.

이 문제를 해결하기 위해서 테라폼에서는 백엔드(backend, https://github.com/hashicorp/terraform/pull/11286) 설정을 통해 원격 저장소에 저장되는 상태 파일의 잠금을 제공한다. 테라폼의 상태 파일이 변경되는 시점에 상태 파일의 잠금을 제공하며, 동시에 다른 사용자로부터 잠재적으로 상태 파일이 수정되는 것을 방지할 수 있다. 모든 백엔드 유형이 상태 잠금을 제공하지는 않으며, 지원되는 백엔드 목록(https://www.terraform.io/docs/backends/types/index.html)에서 잠금이 지원되는지 확인해야 한다. 예를 들어, 아마존 S3는 DynamoDB를 통해 잠금을 지원하며, GCS, Azurerm은 자체적으로 잠금을 지원한다.

S3에 원격 상태를 저장하고 사용하므로 DynamoDB를 통해 잠금 설정을 진행한다. 백엔드에 잠금 설정을 수행하기 전에 DynamoDB의 테이블부터 생성해야 한다.

다음과 같이 DynamoDB 리소스를 기존 S3 상태 파일을 구성하였던 **main.tf**에 추가하자.

```
provider "aws" {
  region = "us-east-1"
}

resource "aws_s3_bucket" "terraform_state" {
    (…)
}

terraform {
  backend "s3" {
    (…)
```

```
    }
}

resource "aws_dynamodb_table" "terraform_lock" {
    name          = "terraform-up-and-running-lock"
    hash_key      = "LockID"
    read_capacity = 2
    write_capacity = 2

    attribute {
    name = "LockID"
    type = "S"
    }
}

output "s3_bucket_arn" {
    (…)
}
```

DynamoDB를 추가하기 위해 필요한 정보는 다음과 같다.

name

데이터가 저장되는 테이블 이름이며, 각 계정의 지역별로 고유한 값이어야 한다.

hash_key

기본 키는 테이블의 각 항목을 나타내는 고유 식별자이며, 테라폼의 잠금을 위해서는 LockID가 기본 키가 된다. 테라폼 잠금에 대한 정보를 값으로 저장한다.

read/write_capacity

읽기/쓰기 용량이며, 아마존 웹 서비스에서는 이 용량에 따라서 DynamoDB의 비용이 결정된다. 그러므로 실습에서는 2/2로 설정한다.

Attribute

각 데이터에 대한 항목은 하나 이상의 속성으로 구성되며, 다른 데이터베이스 시스템의 필드 또는 열과 유사하다. 테라폼에서는 LockID가 잠금을 위한 하나의 속성이며, 타입은 문자열(String)이다.

terraform plan을 수행, 확인 후 apply 명령어로 테이블을 생성한다.

```
> terraform apply
aws_s3_bucket.terraform_state: Refreshing state... (ID: terraform-up-and-running-
state-kcchang)

(…)
  + create

Terraform will perform the following actions:

  + aws_dynamodb_table.terraform_lock
      (…)

  Enter a value: yes

aws_dynamodb_table.terraform_lock: Creating...
  arn:                          "" => "<computed>"
  attribute.#:                  "" => "1"
  attribute.2068930648.name: "" => "LockID"
  attribute.2068930648.type: "" => "S"
  billing_mode:                 "" => "PROVISIONED"
  hash_key:                     "" => "LockID"
  name:                         "" => "terraform-up-and-running-lock"
  point_in_time_recovery.#:     "" => "<computed>"
  read_capacity:                "" => "1"
  server_side_encryption.#:     "" => "<computed>"
  stream_arn:                   "" => "<computed>"
  stream_label:                 "" => "<computed>"
  stream_view_type:             "" => "<computed>"
  write_capacity:               "" => "1"
aws_dynamodb_table.terraform_lock: Creation complete after 9s (ID: terraform-up-
and-running-lock)

Apply complete! Resources: 1 added, 0 changed, 0 destroyed.
```

테이블이 정상적으로 생성이 되었다면 기존 S3 백엔드 설정값에 dynamodb_table 값을 추가한다. 테라폼 백엔드에서는 채움 참조 구문이 동작하지 않으므로 직접 테이블 이름을 선언해야하는 것에 주의하도록 한다.

```
provider "aws" {
  region = "us-east-1"
}

resource "aws_s3_bucket" "terraform_state" {
    (…)
}

terraform {
```

```
  backend "s3" {
    bucket         = "{YOUR_BUCKET_NAME}"
    key            = "terraform.state"
    region         = "us-east-1"
    encrypt        = true
    dynamodb_table = "{YOUR_DYNAMODB_TABLE_NAME}"
  }
}

resource "aws_dynamodb_table" "terraform_lock" {
    (…)
}

output "s3_bucket_arn" {
    (…)
}
```

백엔드 설정이 추가되었기 때문에 terraform init로 설정 정보를 업데이트해야 한다.

```
> terraform init

Initializing the backend...
Backend configuration changed!

(…)

Successfully configured the backend "s3"! Terraform will automatically
use this backend unless the backend configuration changes.

Initializing provider plugins...

(…)

Terraform has been successfully initialized!
```

terraform apply 명령어를 통해 DynamoDB를 이용하여 잠금이 정상적으로 수행되는지 확인
한다. 콘솔에서 'Releasing state lock. This may take a few moments.'라는 정보가 추가된 것을
확인할 수 있다. 또한, 그림 3-3과 같이 DynamoDB 대시보드를 통해서도 확인할 수 있으며,
요약 정보가 최신 상태 파일의 md5sum 값과 같다는 것을 알 수 있다.

```
>terraform apply
aws_s3_bucket.terraform_state: Refreshing state... (ID: terraform-up-and-running-
state-kcchang)
aws_dynamodb_table.terraform_lock: Refreshing state... (ID: terraform-up-and-
running-lock)

Apply complete! Resources: 0 added, 0 changed, 0 destroyed.
Releasing state lock. This may take a few moments...

Outputs:

s3_bucket_arn = arn:aws:s3:::terraform-up-and-running-state-kcchang
```

그림 3-3 테라폼 상태 파일 잠금을 관리하는 DynamoDB 테이블

이렇게 상태 파일을 수정할 때 DynamoDB를 통해 잠금이 수행되므로 다른 요소로부터 정보
가 훼손되지 않는다. 잠금에 대한 정보를 확인하기 위해 terraform apply 명령어를 수행하고
DynamoDB 대시보드를 확인하면, 그림 3-4처럼 현재 상태 파일이 변경 진행 중이라는 것을
알 수 있다.

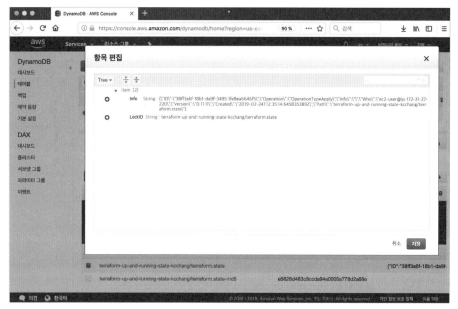

그림 3-4 테라폼이 상태 파일 잠금 수행 중일 때 임시로 기록되는 정보

대시보드에서 확인할 수 있듯 테라폼 백엔드 설정을 통해 원격지에 상태 정보를 수정하기 전에 DynamoDB에 상태 정보에 대한 잠금을 수행하고 수정이 완료된 상태 파일의 해시를 기록하여 이후 실제 상태 파일과 같은 지 확인하며 관리한다.

상태 파일 분리

원격 저장소와 잠금을 수행함으로써 협업의 대부분 문제는 해결했다. 하지만 아직 분리와 같은 몇 가지 문제가 남아 있다. 테라폼을 처음 사용할 때는 하나의 폴더에 하나의 테라폼 파일 또는 파일 세트로 모든 인프라를 정의해야 했다. 이 방식의 문제점은 모든 테라폼 상태가 하나의 파일에 저장되어 실수로 모든 것이 손상될 수 있다는 점이다.

예를 들어, 스테이징 환경에 새로운 버전의 애플리케이션을 배포하고자 하면 기존 상용 환경에 배포된 애플리케이션 리소스를 회수해야 하거나 잠금을 사용하지 않아야 한다. 그런 상황에서는 테라폼 결함으로 전체 상태 파일이 손상될 수 있다. 즉, 모든 환경의 모든 인프라가 손상된다.[4]

---

4 테라폼 상태를 격리하지 않을 때 일어나는 일의 다양한 예를 보려면 다음을 참조한다(http://bit.ly/2lTsewM).

별도의 환경을 가지고 있다는 점은 서로 격리되어 있다는 의미이며, 따라서 한 세트의 테라폼 구성에서 모든 환경을 관리하는 경우 해당 환경을 분리해야 한다. 배가 한 부분의 누수가 다른 공간으로 빠르게 범람하는 것을 막기 위한 장벽 역할을 하는 격벽(Bulkheads)을 가지고 있는 것처럼, 테라폼 환경도 그림 3-5처럼 '벌크 헤드'를 구성해야 한다.

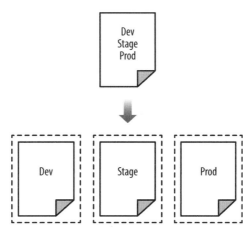

그림 3-5 하나의 테라폼 구성으로 모든 환경을 정의하는 것 대신 각각 환경을 따로 정의하여 서로 간의 구성에 영향을 주지 않도록 분리

환경별로 다른 폴더에 테라폼 설정 파일을 관리하고 운영하는 것이 하나의 방법이다. 예를 들어, 모든 스테이징의 환경 설정 값들은 **stage 폴더**에 존재하고, 모든 상용 환경 설정 값들은 **prod 폴더**에 존재하도록 한다. 이 방법으로 테라폼이 각 환경의 상태 파일도 분리하여 관리하고 다른 환경에서 일어나는 변경 사항들이 미치는 영향도 원천적으로 차단할 수 있다.

실제로 환경을 넘어서 '구성 요소(component)' 수준으로 격리 개념을 가져올 수 있으며, 이 구성 요소는 일반적으로 함께 배포되는 리소소의 집합이다. 예를 들어, 인프라의 기본적인 네트워크 형상(topology)를 구성하였을 때 아마존 웹 서비스에서는 VPC와 연동된 서브넷, 라우팅 규칙, VPN, 네트워크 ACL을 몇 달에 한 번 수정할 것이다. 하지만 웹 서버의 정보들은 변경 사항이 많을 것이다. 만약 인프라 관리에서 VPC 구성 요소와 웹 서버 구성 요소를 하나의 테라폼 설정으로 관리한다면 하루에도 몇 번이나 네트워크 형상에 불필요한 변경 위험을 일으킬 것이다.

그러므로 각 환경별(스테이징, 상용 등)로 테라폼 폴더를 분리(폴더 안에 상태 파일이 존재하므로 함께 분리된다)하고, 구성 요소별(VPC, 서비스, 데이터베이스)로 분리하는 것을 추천한다. 실제로 어떤 모습인지는 다음에 나오는 테라폼 프로젝트의 권장 파일 레이아웃을 참고한다.

파일 레이아웃

다음 그림 3-6은 일반적인 테라폼 프로젝트의 파일 레이아웃이다.

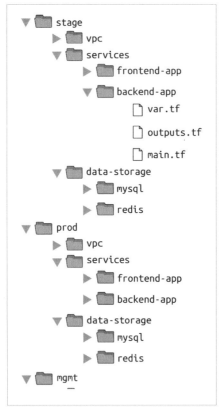

그림 3-6 테라폼 프로젝트의 파일 레이아웃

최상위 레벨의 각 '환경'에 대해 별도의 폴더로 존재하며, 모든 프로젝트마다 정확한 환경은 다르지만, 일반적인 환경은 다음과 같다.

스테이지(stage)

상용 환경이 아닌 다양한 작업을 할 수 있는 환경(테스트)

상용(prod)

상용 서비스를 위한 환경

관리(mgmt)

데브옵스 도구들을 위한 환경(접근 서버, 빌드 서버)

글로벌(global)

여러 환경에 걸쳐서 사용해야 하는 리소스가 있는 환경(S3, IAM)

환경별로 구성 요소 또한 별도의 폴더로 분리한다. 일반적으로는 다음과 같이 묶을 수 있다.

VPC

환경의 네트워크 형상

서비스(services)

환경에서 기동 중인 애플리케이션 혹은 마이크로서비스 형태의 리소스다. 예를 들어, 루비 온 레일즈의 프런트엔드 혹은 스칼라(Scala) 백엔드라고 말할 수 있다. 각 앱은 다른 앱으로부터 분리하여 독립된 폴더에 위치시킬 수 있다.

데이터 스토리지

MySQL, Redis 등의 각 환경의 데이터가 저장되는 공간이며, 각 데이터의 저장소는 다른 모든 데이터 저장소로부터 분리하여 구성할 수도 있다.

각 구성 요소에는 실제 테라폼 구성 파일도 있으며, 다음의 명명 규칙에 따라 구성된다.

vars.tf

입력 변수

outputs.tf

출력 변수

main.tf

실제 리소스

테라폼을 실행하면 현재 디렉터리에서 확장자가 .tf인 파일만 검색하므로 원하는 파일 이름을 사용할 수 있다. 이처럼 일관된 파일 레이아웃 규칙을 사용하면 변수, 출력 또는 리소스를 찾는 위치를 항상 알 수 있으므로 코드를 더 효율적으로 검색할 수 있다. 테라폼 구성이 방대해지면 특정 기능을 별도의 파일로 분리해도 된다(iam.tf, s3.tf, database.tf). 하지만 이것은 더 작은 모듈로 코드를 구성해야 한다는 의미이며, 우리가 4장에서 다룰 이야기다.

코드 중복 제거하기

이 단원에서 설명하는 파일 레이아웃에는 많은 중복된 값이 있다. 예를 들어, 프런트엔드 앱과 백엔드 앱은 스테이지와 상용 폴더에 함께 존재한다. 하지만 실제로 코드를 복사해서 붙여넣을 필요는 없다. 4장에서 코드 중복 없이 어떻게 테라폼을 사용하는지를 다룰 것이다.

우선 2장에서 사용한 웹 서버 클러스터 코드를 살펴보고, 이번 장에서 다룬 S3 버킷 코드를 추가하면 다음 그림 3-7과 같은 형태의 폴더가 구성될 것이다.

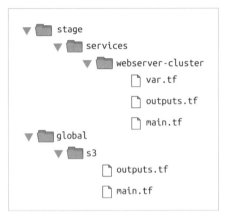

그림 3-7 웹 서버 클러스터의 파일 레이아웃

이 장에서 작성한 S3 버킷은 **global/s3** 폴더로 이동시키고, s3_bucket_arn 출력 변수를 **outputs.tf**에 추가한다. 원격 상태 저장소를 구성한 경우 파일을 새 위치로 복사할 때 (숨겨진) **.terraform** 폴더에 주의한다.

2장에서 만든 웹 서버 클러스터는 **stage/services/webserver-cluster**로 옮긴다(이 웹 서버 클러스터는 '검증' 혹은 '스테이징' 버전이며, '상용' 버전은 다음 장에서 다룬다). 이번에도 숨겨진 **.terraform** 폴더도 복사하고, 입력 변수는 **vars.tf**에, 출력 변수는 **outputs.tf**에 정의한다.

웹 서버 클러스터의 경우 S3에 원격 상태 저장소를 구성해야 한다(테라폼 백앤드 설정 및 init 명령 실행). S3 키는 테라폼 코드의 웹 서버와 같은 경로(**stage/services/webserver-cluster/terraform.tfstate**)로 한다.

```
terraform {
  backend "s3" {
    bucket = "{YOUR_BUCKET_NAME}"
    key     = "stage/services/webserver-cluster/terraform.tfstate"
    region  = "us-east-1"
    encrypt = true
# 실습의 경우 상태 파일 잠금이 크게 필요 없으나, 보다 실질적인 실습을 위해 상태 파일 잠금까지 함께 구성 후
다음의 값도 변경하도록 한다.
# dynamodb_table = "{YOUR_DYNAMODB_TABLE_NAME}"
  }
}
```

이렇게 하면 버전 제어의 테라폼 코드와 S3의 테라폼 상태 파일 레이아웃이 1:1로 대응되므로
완벽하게 연동된다. 이 파일 레이아웃을 사용하면 코드를 탐색하고 각 환경에 배포되는 구성
요소를 쉽게 이해할 수 있다. 또한, 환경 간 및 환경 내의 구성 요소 사이의 충분한 격리로 문
제가 발생하면 전체 인프라 중 일부 영역으로만 영향을 최소화할 수 있다.

물론, 단점도 존재한다. 구성 요소를 별도의 폴더로 나누면 한 명령에서 여러 구성 요소가 손
상되는 것을 막을 수 있지만, 한 명령으로 모든 구성 요소를 만들지 못한다. 단일 환경에 대한
모든 구성 요소가 단일 테라폼 구성에 정의된 경우 terraform apply 명령어를 통해 한 번에 적
용해야 할 수도 있다. 하지만 폴더가 나뉘어 있다면 폴더별로 terraform apply를 수행해야 한다.

파일 레이아웃에 리소스 의존성 문제점도 존재한다. 애플리케이션 프로그램 코드가 데이
터베이스 코드와 같은 테라폼 설정 파일에 존재한다면 테라폼의 채움 참조 문법(${aws_db_
instance.foo.address})을 통해 연관된 정보들(데이터베이스 주소, 포트)을 읽어올 수 있다. 하지만
애플리케이션 코드와 데이터베이스 코드가 다른 폴더에 존재하므로 이것은 더 사용할 수 없
다. 하지만 테라폼에서 새로운 방식의 해결책을 제시하는데 이는 읽기 전용 상태(Read-Only
State) 정보다.

읽기 전용 상태

2장에서 aws_availability_zones와 같은 데이터 소스를 사용하여 아마존 웹 서비스에서 읽기
전용 정보를 가져와서 지역과 가용 영역에 대한 정보를 알 수 있었다. 상태 정보를 가지고 작
업할 때 terraform_remote_state를 사용하면 특히 유용하다. 이 데이터 소스를 사용하여 다른
테라폼 구성 모음에 저장된 테라폼 상태 파일을 읽기 전용으로 가져올 수 있다.

예를 들어, 웹 서버 클러스터가 MySQL 데이터베이스와 연동된다고 가정하자. 데이터베이스를 구동하기 위해서는 확장성, 보안성, 내구성 그리고 높은 가용성 등 많은 작업이 필요하다. 다시 강조하면, 이러한 추가적인 고려 사항들에 대해 **관계형 데이터베이스 서비스(RDS, Relational Database Service)**를 사용하면 아마존 웹 서비스가 모든 것을 처리한다. 다음 그림 3-8과 같이 MySQL, PostgreSQL, SQL Server, 오라클(Oracle) 등 다양한 엔진을 지원한다.

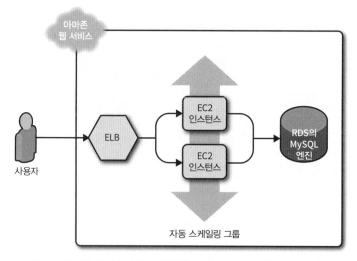

그림 3-8 웹 서버 클러스터와 아마존 웹 서비스 RDS로 만든 MySQL과 연동

웹 서버 클러스터에서 웹 서버의 배포 업데이트를 진행하는 시점에 데이터베이스에 문제가 발생하지 않기를 원한다면 stage/datastores/mysql 폴더에 테라폼 기본 파일(main.tf, var.tf, output.tf)을 만들어야 한다.

그리고 다음과 같이 **stage/data-stores/mysql/main.tf**에 데이터베이스 리소스를 생성한다.

```
provider "aws" {
  region = "us-east-1"
}

resource "aws_db_instance" "example" {
  engine            = "mysql"
  allocated_storage = 10
  instance_class    = "db.t2.micro"
  name              = "example_database"
  username          = "admin"
  password          = "${var.db_password}"
}
```

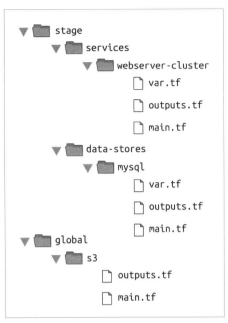

그림 3-9 stage/data-stores 폴더에 생성된 데이터베이스 코드

파일의 맨 위에 일반적인 공급자 리소스가 있고, 바로 아래에 aws_db_instance라는 새 리소스가 있다. 이 리소스는 RDS 데이터베이스를 만드는 역할을 한다. 1 가상 CPU, 1GB 메모리를 갖는 db.t2.micro 크기의 인스턴스를 생성하는 설정이며, 아마존 웹 서비스 프리 티어 범위다. 이 코드에서 password 매개변수는 var.db_password 입력 변수로 설정되며, **stage/data-stores/mysql/vars.tf**에 정의한다.

```
variable "db_password" {
  description = "The password for the database"
}
```

여기에는 일부러 기본값을 입력하지 않았으며, 데이터베이스의 비밀번호 혹은 민감한 정보들은 파일이나 코드에 저장하지 말아야 한다. 대신 중요한 데이터를 암호화할 암호 관리자(1Password, LastPass, macOS 키 체인)를 사용하여 모든 보안 사항을 저장해야 하고 환경 변수를 통해 테라폼에 노출해야 한다. 테라폼 구성에 정의된 각 입력 변수 foo에 대해 환경 변수 TF_VAR_foo를 사용하여 이 변수의 값을 테라폼에 제공한다. var.db_password 입력 변수의 경우 리눅스, 유닉스, 맥에서 TF_VAR_db_password 환경 변수를 설정하는 방법은 다음과 같다.

```
> export TF_VAR_db_password="(데이터베이스 패스워드)"
```

다음으로, 데이터베이스가 S3에 모든 상태를 저장하도록 원격 상태 저장소를 구성(예: 테라폼 백앤드 설정 및 init 명령 실행)하고, S3의 키는 **stage/data-stores/mysql/terraform.tfstate**에 저장한다.

```
erraform {
  backend "s3" {
    bucket  = "(생성한 버킷 이름)"
    key     = "stage/data-stores/mysql/terraform.tfstate"
    region  = "us-east-1"
    encrypt = true
# 실습의 경우 상태 파일 잠금이 크게 필요 없으나 보다 실질적인 실습을 위해 상태 파일 잠금까지 함께 구성 후
다음의 값도 변경한다.
# dynamodb_table = "(생성한 dynamodb 테이블 이름)"
  }
}
```

다시 강조하면, 테라폼은 데이터베이스 암호를 포함하여 모든 변수를 상태 파일에 일반 텍스트로 저장하므로 원격 상태를 구성할 때 암호화를 활성화해야 한다. terraform plan을 실행하고 계획이 이상 없으면 terraform apply를 실행하여 데이터베이스를 생성한다. 이때 RDS의 크기와 상관없이 생성이 완료되기까지 약 10분 정도 걸린다.

이제 데이터베이스가 생겼으므로 웹 서버 클러스터에 주소와 포트를 제공해야 한다. 첫 번째 단계는 두 출력값을 **stage/data-stores/mysql/outputs.tf**에 지정하는 것이다.

```
output "address" {
  value = "${aws_db_instance.example.address}"
}

output "port" {
  value = "${aws_db_instance.example.port}"
}
```

terraform apply 명령어를 한 번 더 수행한 후 터미널에 출력되는 값을 확인한다.

```
> terraform apply

(...)
Apply complete! Resources: 0 added, 0 changed, 0 destroyed.

Outputs:

address = tf-2016111123.cowu6mts6srx.us-east-1.rds.amazonaws.com
port    = 3306
```

이 출력값은 이제 **stage/data-stores/mysql/terraform.tfstate**의 S3 버킷에 있는 데이터베이스의 원격 상태에도 저장된다. 또한, 웹 서버 클러스터 코드의 terraform_remote_state 데이터 소스를 **stage/services/webserver-cluster/main.tf**에 추가하여 해당 상태 파일의 데이터를 읽을 수 있다.

```
data "terraform_remote_state" "db" {
  backend = "s3"

  config {
    bucket = "(생성한 버킷 이름)"
    key    = "stage/data-stores/mysql/terraform.tfstate"
    region = "us-east-1"
  }
}
```

이 terraform_remote_state 데이터 소스는 웹 서버 클러스터 코드를 구성하여 그림 3-10과 같이 데이터베이스 상태가 저장된 S3 버킷에 있는 상태 파일을 읽을 수 있게 한다.

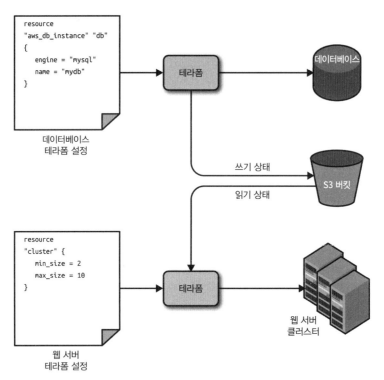

그림 3-10 데이터베이스는 자신의 상태를 S3 버킷(상단)에 저장하고, 웹 서버 클러스터는 같은 버킷(하단)에서 해당 상태를 읽는다

모든 테라폼 데이터 소스와 마찬가지로 terraform_remote_state가 반환하는 데이터는 읽기 전용임을 인지하는 것이 중요하다. 웹 서버 클러스터에서 수행하는 작업의 테라폼 코드는 해당 상태를 수정할 수 없으므로 데이터베이스 자체에 문제 발생 위험 없이 데이터베이스의 상태 데이터를 가져올 수 있다. 모든 데이터베이스의 출력 변수는 상태 파일에 저장되며, 다음과 같이 채움 참조 구문을 사용하여 terraform_remote_state 데이터 소스에서 읽을 수 있다.

```
"${data.terraform_remote_state.NAME.ATTRIBUTE}"
```

예를 들어, 여기에 웹 서버 클러스터의 사용자 데이터를 업데이트하여 terraform_remote_state 의 데이터 소스를 통해 데이터베이스 주소와 포트 번호를 가져오도록 설정하고 HTTP가 응답 하도록 설정한다.

```
user_data = <<EOF
#!/bin/bash
echo "Hello, World" >> index.html
echo "${data.terraform_remote_state.db.address}" >> index.html
echo "${data.terraform_remote_state.db.port}" >> index.html
nohup busybox httpd -f -p "${var.server_port}" &
EOF
```

사용자 데이터 스크립트가 길어질수록 한 줄에 정의하는 것이 매우 어려워진다. 일반적으로 하나의 프로그래밍 언어를 다른 언어에 포함하면 각 언어를 유지 관리하기가 더 어려워지므로 배시 스크립트를 별도로 작성하는 것이 효율적이다. 그렇게 하기 위해 파일 채움 참조 함수와 template_file 데이터 소스를 사용할 수 있으며, 다음에 하나씩 설명한다.

채움 참조 함수는 테라폼의 채움 참조 구문에서 사용할 수 있는 함수다.

```
"${some_function(...)}"
```

예를 들어, format 채움 참조 함수를 사용한다고 하면 다음과 같다.

```
"${format(FMT, ARGS, ...)}"
```

이 함수는 문자열 FMT의 sprintf 구문에 따라 ARGS로 전달받은 인수를 포맷팅한다.[5] 채움 참조 함수를 검증하는 가장 좋은 방법은 terraform console을 통해 다양한 테라폼 구문을 검증하고, 인프라 상태를 요청해서 결과를 즉시 볼 수 있는 대화형 콘솔을 얻는 것이다.

```
terraform console

> format("%.3f", 3.14159265359)
3.142
```

테라폼 콘솔은 읽기 전용으로만 수행되므로 인프라나 상태에 변경사항을 일으키지 않는다. 또한, 문자열, 숫자, 목록 및 맵을 조작하는 데 사용할 수 있는 여러 가지 기본 제공 함수가 있다. 그중 하나가 파일 채움 참조 기능이다. 이 함수는 PATH에서 파일을 읽고, 그 내용을 문자열로

---

5 sprintf 구문에 대한 설명서는 https://golang.org/pkg/fmt/에서 찾을 수 있다.

반환한다.[6] 예를 들어, 사용자 데이터 스크립트를 **stage/services/webserver-cluster/user-data.sh**에 작성해 놓고, aws_launch_configuration에 user_data 변수로 사용한다고 하면 다음과 같다.

```
user_data = "${file("user-data.sh")}"
```

웹 서버 클러스터의 사용자 데이터 스크립트에는 서버 포트, 데이터베이스 주소 및 데이터베이스 포트를 포함하여 테라폼의 일부 동적 데이터가 필요하다. 사용자 데이터 스크립트가 테라폼 코드에 포함된 경우, 채움 참조 구문을 통해 이 값을 채울 수 있으며, template_file 데이터 소스를 통해서 코드를 작성해야 한다.

이 template_file 데이터 소스는 문자열인 template과 맵인 vars의 매개 변수로 구성된다. rendered라는 하나의 출력 속성은 템플릿의 모든 채움 참조 구문과 vars를 포함하여 템플릿을 변환한다. 동작 방식을 알아보기 위해 다음과 같이 template_file 데이터 소스를 **stage/services/webserver-cluster/main.tf**에 추가한다.

```
data "template_file" "user_data" {
  template = "${file("user-data.sh")}"

  vars {
    server_port = "${var.server_port}"
    db_address  = "${data.terraform_remote_state.db.address}"
    db_port     = "${data.terraform_remote_state.db.port}"
  }
}
```

코드에서도 확인할 수 있듯 template은 **user-data.sh**라는 스크립트와 서버 포트, 데이터베이스 주소, 데이터베이스 포트의 값을 가진 vars의 매개 변수로 이루어져 있다. **stage/services/webserver-cluster/user-data.sh** 스크립트의 코드는 다음과 같다.

```
#!/bin/bash

cat > index.html <<EOF
<h1>Hello, World</h1>
<p>DB address: ${db_address}</p>
```

---

6 채움 참조 함수의 전체 목록은 https://www.terraform.io/docs/configuration/interpolation.html에서 찾을 수 있다.

```
<p>DB port: ${db_port}</p>
EOF

nohup busybox httpd -f -p "${server_port}" &
```

이 배시 스크립트는 원본과 약간의 차이점이 있다.

- 테라폼의 표준 채움 참조 구문을 사용하여 변수를 조회하지만, 사용 가능한 변수는 template_file 데이터 소스의 vars 맵에 있는 변수뿐이다. 이러한 변수에 접근하려면 접두어는 필요하지 않으며, ${var.server_port}가 아닌 ${server_port} 형태로 사용하면 된다.
- 스크립트에는 이제 웹 브라우저에서 출력을 조금 더 읽기 쉽게 하려고 HTML 구문(예: <h1>)이 포함되어 있다.

외부화된 파일에 대한 참고

사용자 데이터 스크립트를 자체 파일로 추출할 때 얻을 수 있는 이점 중 하나는 단위 테스트를 작성할 수 있다는 것이다. 테스트 코드의 환경 변수를 찾는 배시 구문이 테라폼의 채움 참조 구문과 같으므로 환경 변수를 사용하여 변수를 치환할 수도 있다. 예를 들어, 다음 행에 따라 **user-data.sh**에 자동화된 테스트를 작성할 수 있다.

```
export db_address=12.34.56.78
export db_port=5555
export server_port=8888

./user-data.sh

output=$(curl "http://localhost:$server_port")

if [[ $output == *"Hello, World"* ]]; then
  echo "Success! Got expected text from server."
else
  echo "Error. Did not get back expected text 'Hello, World'."
fi
```

마지막 단계에서는 aws_launch_configuration 리소스의 user_data 매개변수를 업데이트하여 template_file 데이터 소스에 치환된(rendered) 출력 속성을 지정한다.

```
resource "aws_launch_configuration" "example" {
  image_id        = "ami-40d28157"
  instance_type   = "t2.micro"
  security_groups = ["${aws_security_group.instance.id}"]
```

```
  user_data      = "${data.template_file.user_data.rendered}"

  lifecycle {
    create_before_destroy = true
  }
}
```

이것은 배시 스크립트를 인라인으로 작성하는 것보다 훨씬 간결하다.

terraform apply를 사용하여 이 클러스터를 배포하고 인스턴스가 ELB에 등록될 때까지 기다린 후 웹 브라우저에서 ELB URL을 열면 그림 3-11과 비슷한 내용을 확인할 수 있다.

이제 웹 서버 클러스터가 테라폼을 통해 원활하게 데이터베이스 주소와 포트에 액세스할 수 있다. 만약 웹 프레임워크(예: 루비 온 레일즈)를 사용한다면 해당 프로그램의 데이터베이스 라이브러리(예: 액티브레코드)에 같은 주소와 포트를 환경 변수 혹은 설정 파일로 넣어야 한다.

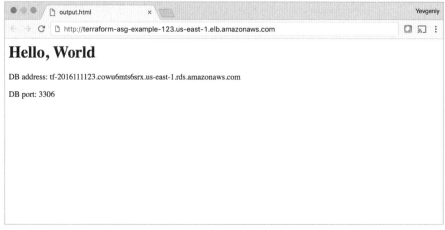

그림 3-11 웹 서버 클러스터가 원활하게 데이터베이스 주소와 포트에 접근

결론

코드형 인프라(IaC)가 다른 일반 개발 코딩과 다르기 때문에 격리, 잠금과 상태를 깊게 고려해야 한다. 일반적인 앱의 코드를 작성할 때 발생하는 대부분의 결함은 단일 기능 혹은 일부 앱에만 영향을 미친다. 하지만 코드형 인프라의 코드를 작성할 때는 하나의 결함을 통해 전체

환경(모든 데이터 저장소와 전체 네트워크 형상 및 기타 모든 기능)에 영향을 줄 수 있으므로 보다 엄격한 관리가 필요하다. 그러므로 일반적인 코드보다 코드형 인프라를 개발할 때는 더욱더 '안전한 메커니즘(safety mechanisms)'을 적용하도록 노력해야 한다.[7]

권장 파일 레이아웃을 사용할 때 공통으로 고려해야 할 사항은 코드 중복이 발생한다는 점이다. 스테이징 및 프로덕션 모두에서 웹 서버 클러스터를 실행하려면 많은 같은 코드를 **stage/services/webserver-cluster**와 **prod/services/webserver-cluster**에 복사하여 붙여넣어야 한다. 하지만 테라폼 모듈을 통해 이를 방지할 수 있으며, 이는 4장에서 다룰 것이다.

---

[7] 소프트웨어 안전 메커니즘에 대한 자세한 내용은 http://www.ybrikman.com/writing/2016/02/14/agility-requires-safety/를 참조한다.

테라폼 모듈

3장 마지막에서 그림 4-1과 같은 인프라를 배포하였다.

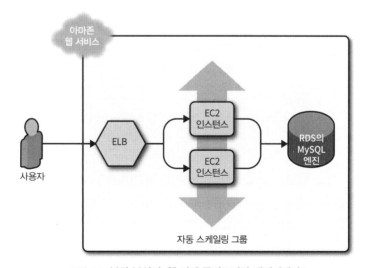

그림 4-1 부하 분산기, 웹 서버 클러스터와 데이터베이스

이것은 스테이징 환경에선 잘 작동하지만, 상용 환경은 어떨까? 서비스 사용자가 내부 검증하는 환경에 접속하는 상황이 있어서는 안 되며, 상용 환경에서 테스트를 직접 하는 것 자체가 매우 위험도가 높다. 일반적으로 그림 4-2와 같이 두 가지 환경, 스테이징 및 상용이 필요하다.

이상적으로, 두 환경은 거의 같지만, 비용 절감을 위해 스테이징 환경에서는 서버 대수를 줄이거나 용량을 최소한으로 줄여서 구성할 수 있다.

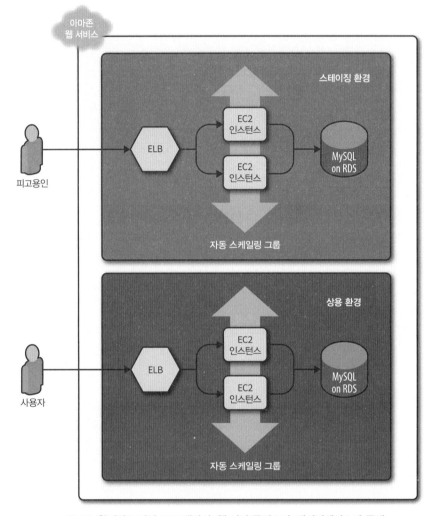

그림 4-2 환경별로 각각 로드 밸런서, 웹 서버 클러스터, 데이터베이스가 존재

스테이징 환경만 보면 테라폼 코드는 그림 4-3과 같이 이루어질 것이다.

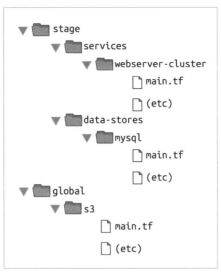

그림 4-3 스테이징 환경의 파일 레이아웃

만약 상용 환경을 추가하고자 하면 그림 4-4와 같이 파일 레이아웃이 될 것이다.

스테이징 및 상용 환경에 코드 중복을 피하려면 어떻게 해야 하고, **stage/services/webserver-cluster와 stage/data-stores/mysql**에 있는 파일들을 **prod/services/webserver-cluster와 prod/data-stores/mysql**로 복사, 붙여넣기 작업을 피할 수 있을까?

일반적인 목적의 프로그램 언어(예: 루비, 파이썬, 자바)에서 여러 공간에 코드를 복사해서 붙여넣으려면, 함수로 정의해서 코드 여러 곳에서 재사용할 수 있도록 해야 한다.

```ruby
def example_function()
  puts "Hello, World"
end

# Other places in your code
example_function()
```

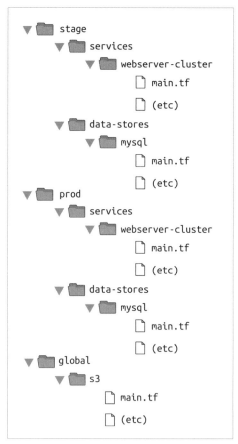

그림 4-4 스테이징과 상용 환경의 파일 레이아웃

테라폼을 사용하면 코드를 테라폼 모듈에 넣고 코드 전체의 여러 곳에서 해당 모듈을 재사용할 수 있다. 다음 그림 4-5와 같이 **stage/services/webserver-cluster**와 **prod/services/webserver-cluster**의 구성에 대해 복사 및 붙여넣기 작업 없이 같은 모듈의 코드를 재사용할 수 있다.

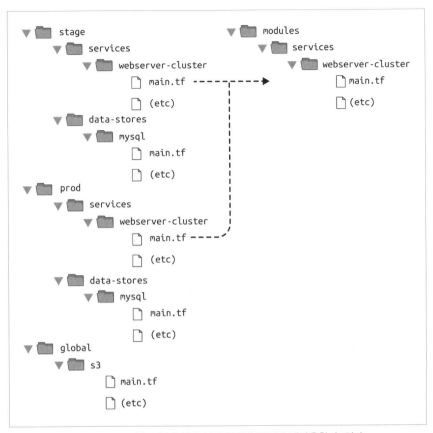

그림 4-5 코드를 모듈에 두면 여러 환경의 코드를 재사용할 수 있다

이 장에서는 다음 주제를 포함하여 테라폼 모듈을 만들고 사용하는 방법을 설명한다.

- 모듈의 기본
- 모듈 입력
- 모듈 출력
- 모듈의 주의점
- 모듈 버전 관리

예제 코드

이 책의 모든 예제 코드는 다음 URL에서 확인할 수 있다. https://github.com/stitchlabio/terraform-up-and-running-code

모듈의 기본

테라폼 모듈은 매우 간단하며, 폴더에 있는 구성 파일의 묶음이 모듈이다. 지금까지 작성한 모든 구성 정보들이 모듈이었지만, 직접 배포를 수행하였기 때문에 와닿지는 않았다(지금 작업 공간에 있는 모듈이 **루트 모듈**이라 불린다). 실제로 어떤 모듈이 가능한지 보려면 다른 모듈의 한 모듈을 사용해 보면 된다.

예를 들어, 자동 스케일링 그룹, ELB, 보안 그룹과 같은 다양한 리소스를 포함하고 있는 **stage/services/webserver-cluster**를 재사용이 가능한 모듈로 변환해 본다.

첫 번째 단계는 terraform destory 명령어를 통해 **stage/services/webserver-cluster**의 기존에 만들어진 리소스를 회수하는 작업이다. 다음 새로운 상위 폴더에 **모듈**을 생성하고, 모든 파일을 **stage/services/webserver-cluster**에서 **modules/services/webserver-cluster**로 이동시킨다. 작업을 완료하면 다음 그림 4-6과 같은 폴더 구조를 확인할 수 있다.[1]

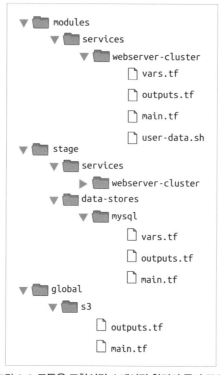

그림 4-6 모듈을 포함시킨 스테이징 환경의 폴더 구성

---

1 [옮긴이] 파일 및 폴더 구성이 까다롭다면 실습 예제 코드의 code/terraform/04-terraform-module 폴더를 복사한다.

modules/services/webserver-cluster 안에 **main.tf** 파일을 열고, provider가 정의된 부분을 삭제한다. provider는 모듈 안에서 정의하는 게 아니라 모듈이 사용되는 곳에서 직접 정의를 해야 할 부분이다.

스테이징 환경에 모듈을 만들 수 있으며, 모듈의 구성 문법은 다음과 같다.

```
module "NAME" {
  source = "SOURCE"

  [CONFIG ...]
}
```

모듈 정의 내에서 source 매개변수는 모듈의 코드가 있는 폴더를 지정한다. 예를 들어, **stage/services/webserver-cluster/main.tf**에 새 파일을 만들고, 다음과 같이 webserver-cluster 모듈을 사용할 수 있다.

```
provider "aws" {
  region = "us-east-1"
}

module "webserver_cluster" {
  source = "../../../modules/services/webserver-cluster"
}
```

다음과 같은 내용으로 새로운 **prod/services/webserver-cluster/main.tf** 파일을 생성하여 실제와 같은 모듈을 환경에서 재사용할 수 있다.

```
provider "aws" {
  region = "us-east-1"
}

module "webserver_cluster" {
  source = "../../../modules/services/webserver-cluster"
}
```

또한, 복사, 붙여넣기 없이 여러 환경에서 코드를 재사용할 수 있다. 테라폼 구성에 모듈을 추가하거나 모듈의 소스 매개변수를 수정할 때마다 모듈의 변경사항을 동기화하기 위해 plan과 apply 수행 전에 get 명령을 실행해야 한다.

```
> terraform get
Get: /modules/frontend-app

> terraform plan

(...)
```

적용 명령을 실행하기 전에 webserver-cluster 모듈에 모든 이름이 하드 코딩되어 있음을 유의해야 한다. 만약 모듈을 두 번 이상 수행한다면 이름이 중복된다는 에러가 발생한다.

modules/services/webserver-cluster에 복사한 **main.tf** 파일이 데이터베이스 주소와 포트를 알아내기 위해 terraform_remote_state 데이터 소스를 사용하고 있으며, 이 소스에 스테이징 환경 정보가 하드 코딩되어 있다.

이러한 문제를 해결하려면 구성 가능한 입력을 webserver-cluster 모듈에 추가하여 다른 환경에서는 다르게 작동할 수 있도록 해야 한다.

모듈 입력

일반적인 프로그래밍 언어에서 함수를 구성할 수 있게 하려면 해당 함수에 입력 매개변수를 추가해야 한다.

```
def example_function(param1, param2)
  puts "Hello, #{param1} #{param2}"
end

# Other places in your code
example_function("foo", "bar")
```

테라폼에서는 모듈은 입력 변수를 추가할 수 있으며, 이것을 정의하기 위해 익숙한 입력 변수를 받는다. **modules/services/webserver-cluster/vars.tf**을 열어서 다음과 같은 세 가지 새로운 입력 변수를 정의한다.

```
variable "cluster_name" {
  description = "The name to use for all the cluster resources"
}

variable "db_remote_state_bucket" {
  description = "The name of the S3 bucket for the database's remote state"
}

variable "db_remote_state_key" {
  description = "The path for the database's remote state in S3"
}
```

modules/services/webserver-cluster/main.tf에서는 이름을 직접 작성하는 것 대신에 var. cluster_name을 사용하여(기존 값은 'terraform-asg-example'로 직접 작성) 동적으로 설정하며, ELB 보안 그룹은 다음과 같이 작성한다.

```
resource "aws_security_group" "elb" {
  name = "${var.cluster_name}-elb"

  ingress {
    from_port   = 80
    to_port     = 80
    protocol    = "tcp"
    cidr_blocks = ["0.0.0.0/0"]
  }

  egress {
    from_port   = 0
    to_port     = 0
    protocol    = "-1"
    cidr_blocks = ["0.0.0.0/0"]
  }
}
```

aws_security_group의 ELB와 instance의 리소스 이름에도 같은 형태("${var.cluster_name}-xxx") 로 변경한다.

또한, db_remote_state_bucket 및 db_remote_state_key를 각각의 버킷 및 키 매개변수로 사용 하도록 terraform_remote_state 데이터 소스를 업데이트하여 올바른 데이터베이스에서 데이터 를 읽도록 해야 한다.

```
data "terraform_remote_state" "db" {
  backend = "s3"

  config {
    bucket = "${var.db_remote_state_bucket}"
    key    = "${var.db_remote_state_key}"
    region = "us-east-1"
  }
}
```

스테이징 환경에서는 다음과 같이 새 입력 변수를 설정한다.

```
module "webserver_cluster" {
  source = "../../../modules/services/webserver-cluster"

  cluster_name           = "webservers-stage"
  db_remote_state_bucket = "(YOUR_BUCKET_NAME)"
  db_remote_state_key    = "stage/data-stores/mysql/terraform.tfstate"
}
```

상용 환경에서도 동일하게 적용한다.

```
module "webserver_cluster" {
  source = "../../../modules/services/webserver-cluster"

  cluster_name           = "webservers-prod"
  db_remote_state_bucket = "(YOUR_BUCKET_NAME)"
  db_remote_state_key    = "prod/data-stores/mysql/terraform.tfstate"
}
```

> **NOTE** 상용 데이터베이스는 실제로 아직 존재하지 않지만, 예제를 통해 스테이징과 상용 환경 모두에서 MySQL을 배포하는 방법을 제공한다.

리소스에 대한 입력 변수를 설정하는 것과 동일한 형태로 모듈에 대한 입력 변수를 설정한다. 입력 변수는 모듈의 API며, 다른 환경에서 어떻게 동작할지 제어한다. 이 예제는 다른 환경에서는 다른 이름을 사용하지만, 다른 변수도 구성할 수 있게 만들 수 있다. 예를 들어, 검증 단계에서는 비용을 절감하기 위해 작은 웹 클러스터를 운영하는 것이 좋지만, 상용 환경에서는 대규모의 트래픽을 수용하기 위해서 더 큰 클러스터를 운영해야 한다. 이를 위해 **modules/services/webserver-cluster/vars.tf**에서 다음과 같은 세 개의 입력 변수를 추가해야 한다.

```
variable "instance_type" {
  description = "The type of EC2 Instances to run (e.g. t2.micro)"
}

variable "min_size" {
  description = "The minimum number of EC2 Instances in the ASG"
}

variable "max_size" {
  description = "The maximum number of EC2 Instances in the ASG"
}
```

그 다음 **modules/services/webserver-cluster/main.tf**의 시작 구성 정의에 instance_type_ parameter를 새로운 var.instance_type 변수로 설정해야 한다.

```
resource "aws_launch_configuration" "example" {
  image_id        = "ami-40d28157"
  instance_type   = "${var.instance_type}"
  security_groups = ["${aws_security_group.instance.id}"]
  user_data       = "${data.template_file.user_data.rendered}"

  lifecycle {
    create_before_destroy = true
  }
}
```

마찬가지로, 같은 파일에서 ASG 정의에 min_size와 max_size 매개변수를 새 var.min_size 및 var.max_size의 입력 변수로 수정한다.

```
resource "aws_autoscaling_group" "example" {
  launch_configuration = "${aws_launch_configuration.example.id}"
  availability_zones   = ["${data.aws_availability_zones.all.names}"]
  load_balancers       = ["${aws_elb.example.name}"]
  health_check_type    = "ELB"

  min_size = "${var.min_size}"
  max_size = "${var.max_size}"

  tag {
    key                 = "Name"
    value               = "${var.cluster_name}"
    propagate_at_launch = true
  }
}
```

이제 스테이징 환경(**stage/services/webserver-cluster/main.tf**)에서 instance_type을 "t2.micro"로 설정하고, min_size 및 max_size를 2로 설정하여 클러스터를 작고 저렴하게 유지할 수 있다.

```
module "webserver_cluster" {
  source = "../../../modules/services/webserver-cluster"

  cluster_name            = "webservers-stage"
  db_remote_state_bucket = "(YOUR_BUCKET_NAME)"
  db_remote_state_key    = "stage/data-stores/mysql/terraform.tfstate"

  instance_type = "t2.micro"
  min_size      = 2
  max_size      = 2
}
```

반면 상용 환경에서는 m4.large와 같이 더 많은 CPU 및 메모리와 함께 더 큰 instance_type을 사용할 수 있다(이 인스턴스 유형은 아마존 웹 서비스 무료 티어의 일부가 아니므로 실습을 위해 추가 요금을 내고 싶지 않으면 instance_type에 "t2.micro"를 사용한다). max_size를 10으로 설정하면, 부하에 따라 클러스터가 줄어들거나 늘어날 수 있다(처음에는 두 개의 인스턴스로 시작).

```
module "webserver_cluster" {
  source = "../../../modules/services/webserver-cluster"

  cluster_name            = "webservers-prod"
  db_remote_state_bucket = "(YOUR_BUCKET_NAME)"
  db_remote_state_key    = "prod/data-stores/mysql/terraform.tfstate"

  instance_type = "m4.large"
  min_size      = 2
  max_size      = 10
}
```

부하에 맞춰서 클러스터를 동적으로 늘리거나 줄이려면 어떻게 해야 하는가? 한 가지 옵션은 스케줄된 시간에 클러스터의 크기를 변경할 수 있는 자동 확장 일정(auto scaling schedule)을 사용하는 것이다. 예를 들어, 정상 업무 시간 중에 클러스터 사용량이 더 높은 경우 자동 조정 일정을 사용하여 오전 9시에 서버 수를 늘리고 오후 5시에 서버 수를 줄인다.

webserver-cluster 모듈에서 자동 크기 조정 스케줄을 정의하면 스테이징 및 상용 환경 모두에 적용된다. 현재 스테이징 환경에서는 이러한 확장을 할 필요가 없으므로 상용 환경에서는 직접 자동 조정 스케줄을 정의해야 한다(5장에서는 webserver-cluster 모듈에 자동 확장 정책의 리소스를 조건절로 정의하는 방법을 다룬다). 또한, 이러한 작업을 하기 위해서는 모듈 출력을 알아야 한다.

모듈 출력

자동 조정 크기 일정을 등록하려면 두 개의 aws_autoscaling_schedule 리소스를 **prod/ services/webserver-cluster/main.tf**에 등록해야 한다.

```
resource "aws_autoscaling_schedule" "scale_out_during_business_hours" {
  scheduled_action_name = "scale-out-during-business-hours"
  min_size              = 2
  max_size              = 10
  desired_capacity      = 10
  recurrence            = "0 9 * * *"
}

resource "aws_autoscaling_schedule" "scale_in_at_night" {
  scheduled_action_name = "scale-in-at-night"
  min_size              = 2
  max_size              = 10
  desired_capacity      = 2
  recurrence            = "0 17 * * *"
}
```

첫 번째 aws_autoscaling_schedule 리소스는 오전 시간 동안 서버를 10대로 늘리고(반복되는 매개변수는 cron 구문을 사용하므로 "0 9 * * *"는 '매일 오전 9시'를 의미), 두 번째 aws_autoscaling_ schedule 리소스는 저녁 시간에 서버의 리소스를 축소한다("0 17 * * *"는 '매일 오후 5시'를 의미). 하지만 두 aws_autoscaling_schedule은 모두 필수 매개변수인 ASG의 autoscaling_group_ name이 빠져 있다. ASG 자체는 webserver-cluster 모듈 내에 정의되므로 어떻게 이름에 접근할 수 있을까? 일반적인 프로그램 언어에서는 함수로 불러올 수 있다.

```
def example_function(param1, param2)
  return "Hello, #{param1} #{param2}"
end

# 코드의 다른 위치에서 불러온다.
return_value = example_function("foo", "bar")
```

테라폼에서 모듈이 값을 변환하는 방법은 이미 앞에서 많이 해 본 출력 변수를 사용하는 것이다. **/modules/services/webserver-cluster/outputs.tf**에 다음과 같이 ASG 이름을 출력 변수에 추가한다.

```
output "asg_name" {
  value = "${aws_autoscaling_group.example.name}"
}
```

리소스 출력과 같이 모듈 출력에 대해서도 변수로 접근할 수 있으며, 구문 문법은 다음과 같다.

```
"${module.MODULE_NAME.OUTPUT_NAME}"
```

실제로 다음과 같이 모듈 출력값을 변수로 처리할 수 있다.

```
"${module.frontend.asg_name}"
```

prod/services/webserver-cluster/main.tf에서 이 구문을 사용하여 각 aws_autoscaling_schedule 리소스에서 autoscaling_group_name을 변수로 설정할 수 있다.

```
resource "aws_autoscaling_schedule" "scale_out_during_business_hours" {
  scheduled_action_name = "scale-out-during-business-hours"
  min_size              = 2
  max_size              = 10
  desired_capacity      = 10
  recurrence            = "0 9 * * *"

  autoscaling_group_name = "${module.webserver_cluster.asg_name}"
}

resource "aws_autoscaling_schedule" "scale_in_at_night" {
  scheduled_action_name = "scale-in-at-night"
  min_size              = 2
  max_size              = 10
  desired_capacity      = 2
  recurrence            = "0 17 * * *"

  autoscaling_group_name = "${module.webserver_cluster.asg_name}"
}
```

또한, webserver-cluster 모듈에 ELB의 DNS 이름을 출력하여 클러스터 배포 시 테스트할 URL을 알 수 있으며, 이 설정을 하기 위해 **/modules/services/webserver-cluster/outputs. tf**에 출력 변수를 추가한다.

```
output "elb_dns_name" {
value = "${aws_elb.example.dns_name}"
}
```

stage/services/webserver-cluster/outputs.tf와 **prod/services/webserver-cluster/ outputs.tf**에 다음과 같이 출력을 전달할 수 있다.

```
output "elb_dns_name" {
  value = "${module.webserver_cluster.elb_dns_name}"
}
```

웹 서버 클러스터가 거의 배포할 준비가 되었다. 이제 남겨진 몇 가지 문제만 주의하면 된다.

모듈의 주의점

모듈을 만들 때 다음과 같은 점을 주의해야 한다.

- 파일 경로
- 인라인 블록

파일 경로

3장에서 외부 **user-data.sh** 파일로 웹 서버 클러스터의 사용자 데이터 스크립트를 작성하고, **file**의 채움 참조 함수로 파일을 읽었다. 파일 함수가 불러올 때 파일 경로는 항상 상대 경로(여러 대의 컴퓨터에서 테라폼을 실행할 수 있으므로)여야 하지만, 어떻게 상대적으로 동작하는가?

기본적으로 테라폼은 현재 작업 디렉터리와 관련된 경로를 해석한다. 이 기능은 테라폼을 실행 중인 디렉터리와 같은 곳에 있는 테라폼 구성 파일에서 파일 기능을 사용하는 경우에 적용된다(즉, 루트 모듈의 파일 기능). 하지만, 다른 경로에 정의된 모듈에서 파일을 사용하는 경우에는 작동하지 않는다.

이 문제를 해결하기 위해 path.module을 사용하여 모듈 폴더에 상대적인 경로로 변환할 수 있으며, **modules/services/webserver-cluster/main.tf**에서 template_file 데이터 소스를 적용하면 된다.

```
data "template_file" "user_data" {
  template = "${file("${path.module}/user-data.sh")}"

  vars {
    server_port = "${var.server_port}"
    db_address  = "${data.terraform_remote_state.db.address}"
    db_port     = "${data.terraform_remote_state.db.port}"
  }
}
```

인라인 블록

일부 테라폼 리소스의 구성은 인라인 블록 또는 개별 리소스로 정의할 수 있으며, 자주 사용되는 방식이다. 예를 들어, aws_security_group 리소스를 사용하면 webserver-cluster 모듈(**modules /services/webserver-cluster/main.tf**)에서 본 것처럼 인라인 블록을 통해 트래픽 보안 규칙을 정의할 수 있다.

```
resource "aws_security_group" "elb" {
  name = "${var.cluster_name}-elb"

  ingress {
    from_port   = 80
    to_port     = 80
    protocol    = "tcp"
    cidr_blocks = ["0.0.0.0/0"]
  }

  egress {
    from_port   = 0
    to_port     = 0
    protocol    = "-1"
    cidr_blocks = ["0.0.0.0/0"]
  }
}
```

별도의 aws_security_group_rule 리소스를 통해 동일한 트래픽 보안 규칙을 정의하려면 다음과 같이 모듈을 변경해야 한다(모듈의 두 보안 그룹 모두에 적용).

```
resource "aws_security_group" "elb" {
  name = "${var.cluster_name}-elb"
}

resource "aws_security_group_rule" "allow_http_inbound" {
  type              = "ingress"
  security_group_id = "${aws_security_group.elb.id}"

  from_port   = 80
  to_port     = 80
  protocol    = "tcp"
  cidr_blocks = ["0.0.0.0/0"]
}

resource "aws_security_group_rule" "allow_all_outbound" {
  type              = "egress"
  security_group_id = "${aws_security_group.elb.id}"

  from_port   = 0
  to_port     = 0
  protocol    = "-1"
  cidr_blocks = ["0.0.0.0/0"]
}
```

인라인 블록과 리소스를 혼합하여 사용하면 라우팅 규칙이 충돌하고 서로 겹쳐 쓰는 오류가 발생한다. 따라서 둘 중 하나를 사용해야 한다. 이 제약 사항 때문에 모듈을 만들 때 항상 인라인 블록 대신 별도의 리소스를 사용해야 한다. 그렇지 않으면 모듈의 유연성이 낮아지고 구성이 어려워진다.

예를 들어, 웹 서버 클러스터 모듈의 모든 들어오고 나가는 트래픽의 규칙이 별도의 aws_security_group_rule 리소스로 정의된 경우 사용자가 모듈 외부에서 사용자 정의 규칙을 추가할 수 있도록 모듈을 충분히 유연하게 만든다.

```
output "elb_security_group_id" {
  value = "${aws_security_group.elb.id}"
}
```

이제 스테이징 환경에서 검증을 위해 추가 포트를 열어야 한다고 가정하면 **stage/services/webserver-cluster/main.tf**에 aws_security_group_rule의 리소스를 추가만 하면 된다.

```
resource "aws_security_group_rule" "allow_testing_inbound" {
  type              = "ingress"
  security_group_id = "${module.webserver_cluster.elb_security_group_id}"

  from_port   = 12345
  to_port     = 12345
  protocol    = "tcp"
  cidr_blocks = ["0.0.0.0/0"]
}
```

트래픽의 들어오고 나가는 규칙을 인라인 블록으로 정의했더라도 코드는 작동되지 않으며, 이 같은 문제는 다음과 같은 다양한 테라폼 리소스에 영향을 준다.

- aws_sccurity_group과 aws_security_group_rule

- aws_route_table과 aws_route

- aws_network_acl과 aws_network_acl_rule

- aws_elb와 aws_elb_attachment

이제 스테이징과 상용 환경 모두에서 웹 서버 클러스터를 배포할 준비가 완료되었다. plan과 apply를 수행하여 분리된 두 환경을 확인한다.

네트워크 격리

이 장의 테라폼 예제 코드에서는 분리된 별도의 로드 밸런서, 서버 및 데이터베이스의 환경을 만들지만, 네트워크 수준으로는 분리되지 않았다. 이 책의 모든 예제를 간략하게 하려고 모든 리소스는 하나의 VPC에 배포된다. 즉, 이 예제 환경에서는 스테이징과 상용 서버들이 서로 통신된다. 실제 환경에서는 하나의 VPC에서 두 환경을 함께 사용하면 몇 가지 위험 요소가 존재한다. 첫 번째, 한 환경의 실수가 다른 환경에 영향을 줄 수 있다. 예를 들어, 스테이징 환경에 변경 사항을 적용하는 중 라우팅 정책의 구성을 잘못 설정하면 상용 환경의 모든 라우팅에 영향을 줄 수 있다. 두 번째, 외부에서 공격을 통해 환경에 침입하게 되면 다른 환경에서도 침해 사고가 발생한다. 만약 상황을 인지하고 스테이징 환경의 외부 포트를 다 차단한다고 하더라도 스테이징 데이터뿐만 아니라 상용 환경 데이터까지 탈취됐을 가능성이 높다. 그러므로 간단한 예제와 검증 이외에 항상 VPC를 분리하여 환경을 구성해야 하며, 더욱 확실히 하기 위해 계정을 분리하는 것도 한 방법이다.

모듈 버전 관리

스테이징 환경과 상용 환경이 같은 모듈 폴더를 가리키는 경우 해당 폴더를 변경하면 다음 배포 시에 적용된다. 이러한 방식은 스테이징 환경을 변경할 때 상용 환경에 영향을 주게 된다. 더욱 효과적인 방법은 그림 4-7과 같이 버전이 지정된 모듈을 만들어 스테이징에서 하나의 버전(예: v0.0.2)과 상용에서 다른 버전(예: v0.0.1)을 사용하는 것이다.

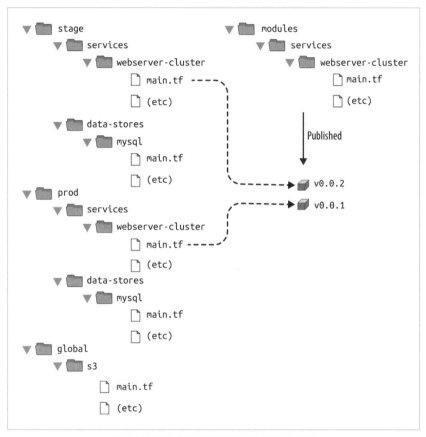

그림 4-7 다른 환경에 다른 버전의 모듈을 사용

지금까지 모든 모듈 예제에서 모듈을 사용할 때마다 모듈의 소스 매개변수를 로컬 파일 경로로 설정했다. 추가로 파일 경로에 대해서 테라폼은 깃 URL, Mercurial URL 및 임의의 HTTP URL 등의 다른 유형의 모듈 소스를 지원한다.[2] 버전이 있는 모듈을 만드는 가장 쉬운 방법은

2　소스 URL에 대한 자세한 내용은 https://www.terraform.io/docs/modules/sources.html을 참조한다.

모듈의 코드를 별도의 깃 저장소에 저장하고, 소스 매개변수를 저장소의 URL로 설정하는 것이다. 이것은 테라폼 코드가 (최소) 두 저장소에 걸쳐서 연동되어 있다는 것을 의미한다.

모듈

이 저장소는 재사용 가능한 모듈을 정의하며, 각 모듈을 인프라의 특정 부분을 정의하는 '청사진(blueprint)'으로 생각하면 된다.

라이브

각 환경(스테이징, 상용, 관리)의 실제 인프라가 정의된 저장소이며, 모듈이라는 청사진으로 만들어진 '집'으로 생각하면 된다.

테라폼 코드에 대해 업데이트된 폴더 구조는 그림 4-8과 같다.

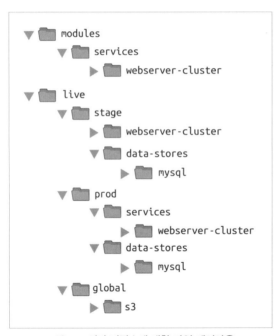

그림 4-8 여러 저장소에 대한 파일 레이아웃

폴더 구조를 잡기 위해 우선 **stage**, **prod**와 **global** 폴더를 **live** 폴더로 이동한다. 다음, 깃 저장소를 분리하기 위해 **live**와 **module** 폴더를 설정한다. 다음은 **module** 폴더에서 이를 수행히는 방법이다.

```
> cd modules
> git init
> git add .
> git commit -m "Initial commit of modules repo"
> git remote add origin "(URL OF REMOTE GIT REPOSITORY)"
> git push origin master
```

또한, **모듈** 저장소에 버전 정보 태그를 추가한다. 만약 깃허브를 사용한다면, 깃허브 UI를 통해 태그를 추가하여 배포할 수 있으며, 사용하지 않는다면 깃 CLI 명령어를 통해 직접 수행할 수 있다.

```
> git tag -a "v0.0.1" -m "First release of webserver-cluster module"
> git push --follow-tags
```

이제 source 변수에 깃 주소를 지정하여 스테이징과 상용 환경에서 버저닝이 적용된 모듈을 사용할 수 있다. 다음과 같이 **github.com/foo/modules** 저장소에 모듈 저장소가 설정되어 있다면 **live/stage/services/webserver-cluster/main.tf**는 다음과 같이 설정될 것이다(깃 호출을 위해 두 개의 슬래시가 필요하다).

```
module "webserver_cluster" {
  source = "git::git@github.com:foo/modules.git//webserver-cluster?ref=v0.0.1"

  cluster_name          = "webservers-stage"
  db_remote_state_bucket = "(YOUR_BUCKET_NAME)"
  db_remote_state_key    = "stage/data-stores/mysql/terraform.tfstate"

  instance_type = "t2.micro"
  min_size      = 2
  max_size      = 2
}
```

별도의 깃 저장소를 사용하지 않고 버전 관리된 모듈을 시험해 보고 싶다면 이 책에 있는 코드 예제 깃허브 저장소의 모듈을 사용한다.

```
source = "git@github.com:brikis98/terraform-up-and-running-code.git//
  code/terraform/04-terraform-module/module-example/modules/
  services/webserver-cluster?ref=v0.0.2"
```

추가로 ref 매개변수를 사용하면 SHA1 해시, 분기 이름 또는 특정 깃 태그와 같은 특정 깃 커밋을 지정할 수 있다. 일반적으로 모듈에 깃 태그를 지정하는 것을 추천한다. 브랜치에 대한 최신 커밋은 get 명령을 실행할 때마다 바뀔 수 있으므로 브랜치 이름은 안정적이지 못하며, SHA1 해시는 사람에게 그리 친숙하지 않다. 깃 태그는 커밋만큼 직관적이며(사실 태그는 커밋을 가리킨다), 원하는 명칭대로 사용할 수 있다.

태그 이름에 대한 형태는 **유의적 버전**(https://semver.org/) 형태가 유용하다. 주.부.수(MAJOR. MINOR.PATCH, 1.0.4) 형태를 띠며, 버전 번호의 각 부분을 늘려야 하는 경우에 대한 특정 규칙이 있다.

- 기존 버전과 호환되지 않게 API가 바뀌면 '주(主) 버전'을 올린다.
- 기존 버전과 호환되면서 새로운 기능을 추가할 때는 '부(部) 버전'을 올린다.
- 기존 버전과 호환되면서 버그를 수정한 것이라면 '수(修) 버전'을 올린다.

유의적 버전 관리는 모듈 사용자에게 어떤 변화를 주었는지와 업그레이드 의미를 알려주는 방법을 제공한다.

버전이 있는 모듈 URL을 사용하도록 테라폼 코드를 업데이트했으므로 다음과 같이 terraform get -update 명령어를 수행해야 한다.

```
> terraform get -update
Get: git::ssh://git@github.com/foo/modules.git?ref=v0.0.1

> terraform plan
(...)
```

테라폼이 로컬 파일 시스템이 아닌 깃에서 모듈 코드를 내려받는 것을 볼 수 있다. 모듈 코드가 다 내려받아지면 plan과 apply 명령을 통해 적용한다.

사설 깃 저장소

테라폼 모듈이 개인용 깃 저장소에 있는 경우 테라폼에서 해당 저장소에 액세스할 수 있도록 SSH 키를 올바르게 구성했는지 확인해야 한다. ssh://git@github.com/foo/modules.git URL 을 사용하기 전에 터미널에서 해당 URL을 복제할 수 있는지 확인해야 한다.

```
> git clone ssh://git@github.com/foo/modules.git
```

이 명령어가 실패한다면 SSH 키부터 다시 확인해야 한다. 깃허브에서 설정하는 방법에 대한 문서를 참고하자(https://help.github.com/articles/connecting-to-github-with-ssh/).

이제 webserver-cluster 모듈을 약간 변경하고 스테이징 환경에서 테스트한다고 가정해 보자. 첫 번째, **모듈** 저장소에 대한 변경 사항을 커밋해야 한다.

```
> cd modules
> git add .
> git commit -m "Made some changes to webserver-cluster"
> git push origin master
```

다음은 **모듈** 저장소에 태그를 설정해야 한다.

```
> git tag -a "v0.0.2" -m "Second release of webserver-cluster"
> git push --follow-tags
```

이제 스테이징 환경(**live/stage/services/webserver-cluster/main.tf**)에서 사용된 소스 URL만 업데이트하여 새 버전을 사용할 수 있다.

```
module "webserver_cluster" {
  source = "git::git@github.com:foo/modules.git//webserver-cluster?ref=v0.0.2"

  cluster_name          = "webservers-stage"
  db_remote_state_bucket = "(YOUR_BUCKET_NAME)"
  db_remote_state_key   = "stage/data-stores/mysql/terraform.tfstate"

  instance_type = "t2.micro"
  min_size      = 2
  max_size      = 2
}
```

상용 환경(**live/prod/services/webserver-cluster/main.tf**)에서는 변경하지 않은 v0.0.1을 사용하면 된다.

```
module "webserver_cluster" {
  source = "git::git@github.com:foo/modules.git//webserver-cluster?ref=v0.0.1"

  cluster_name          = "webservers-prod"
  db_remote_state_bucket = "(YOUR_BUCKET_NAME)"
```

```
    db_remote_state_key     = "prod/data-stores/mysql/terraform.tfstate"

    instance_type = "m4.large"
    min_size        = 2
    max_size        = 10
}
```

v0.0.2를 충분히 테스트하고 준비가 완료되면 상용으로 업데이트할 수 있다. 하지만 결함이 발견된다고 하더라도 아직 상용 환경에 영향을 주지 않았으므로 큰 문제는 없다. 결함을 고치고, 새로운 버전을 배포하고, 상용에 충분히 안정된 버전을 적용할 때까지 모든 절차를 반복한다.

모듈 개발하기

여러 환경에 모듈을 배포하기 위해서는 모듈 버전 관리가 유용하다. 하지만 한 대의 컴퓨터에서 검증할 때는 직접 로컬 파일 경로를 사용하고 싶을 것이다. 코드를 커밋하고 배포하는 대신에 모듈 폴더를 변경하고 계획을 다시 실행하거나 라이브 폴더에서 명령을 즉시 적용할 수 있으므로 더 빨리 반복 검증할 수 있다.

이 책은 테라폼을 빠르게 이해하고 익힐 수 있도록 구성되어 있으며, 남은 예제 코드들은 모두 로컬 파일 경로로 모듈을 사용할 계획이다.

결론

인프라에서 코드를 모듈로 정의하면 인프라에 다양한 소프트웨어 엔지니어링 모범 사례를 적용할 수 있고, 코드 검토와 자동화된 테스트를 통해 모듈에 대한 각 변경 사항의 유효성을 검사할 수 있다. 또한, 각 모듈의 버전화된 버전을 만들 수 있으며, 다른 버전의 모듈을 안전하게 사용해 볼 수도 있고, 모듈을 다른 환경에 설치해서 문제가 발생하면 이전 버전으로 롤백할 수 있다.

이 기능을 통해 확인되고, 검증되고 문서로 만들어진 형태의 인프라 전체를 재사용할 수 있으므로 인프라를 신속하고 안정적으로 구축할 수 있다. 예를 들어, 클러스터를 실행하는 방법, 로드에 응답하여 클러스터를 확장하는 방법, 클러스터 전체에 트래픽 요청을 분산시키는 방법, 단일 마이크로서비스를 배포하는 방법을 정의하는 표준 모듈을 만들 수 있다. 모든 팀은 이 모듈을 통해 단지 몇 줄의 코드만으로 자체 마이크로서비스를 관리할 수 있다.

이러한 모듈이 여러 팀에서 작동하도록 하려면 해당 모듈의 테라폼 코드를 유연하게 구성할 수 있어야 한다. 예를 들어, 한 팀에서는 모듈을 사용하여 로드 밸런서가 없는 단일 인스턴스를 통해 마이크로서비스를 배포하고, 다른 팀은 트래픽 분산을 위해 로드 밸런서가 있는 여러 인스턴스를 사용하여 마이크로서비스를 배포할 수 있다. 그럼 테라폼에서 조건문을 어떻게 작성할 것이며, 반복문은 어떻게 수행할까? 또한, 테라폼을 사용하여 중지 시간 없이 마이크로서비스의 변경 사항을 적용할 수 있을까? 5장에서는 테라폼의 이러한 고급 기능을 다룰 것이다.

CHAPTER

5

테라폼 팁과 요령: 반복문, 조건문, 배포 및 주의사항

테라폼은 1장에서 언급한 대로 선언형 언어이며, 코드형 인프라를 작성할 때는 절차형 언어보다 실제로 배포될 내역들을 명확하게 확인할 수 있다. 그래서 추론하기가 더 쉬우며, 코드 베이스를 작게 유지한다. 그러나 특정 유형의 작업은 선언적 언어에서 더 어렵다.

예를 들어, 선언형 언어에서는 일반적으로 반복문(for-loop)이 없으므로 절차를 위해 매번 비슷한 리소스를 만들거나 여러 번 복사해서 붙여넣기하는 대신에 어떻게 반복할 수 있을까? 또한, 선언형 언어에서 조건문(if-statements)을 지원하지 않으면, 어떻게 조건부로 리소스를 설정할 수 있을까? 예를 들어, 특정 사용자만 사용할 수 있게 하는 테라폼 모듈은 어떻게 만들 수 있을까? 마지막으로, 선언적 언어로 무중단(zero-downtime) 배포와 같은 본질적이며 절차적인 아이디어를 어떻게 표현할 수 있을까?

다행히 테라폼은 반복문, 조건문, 무중단 배포를 수행할 수 있는 몇 가지 기본적인 유형(count로 불리는 메타 변수, create_before_destroy의 생명주기 블록, 삼항 연산자, 많은 수의 채움 참조 함수)을 제공한다. 자주 사용할 필요는 없으나, 어떤 상황에서 어떻게 쓸 수 있는지 알 수 있을 것이다. 이번 장에서는 다음과 같은 내용을 다룬다.

- 반복문
- if 문
- if-else 문

- 무중단 배포
- 테라폼 주의사항

 예제 코드

다음 URL에서 이 책의 예제 코드를 찾을 수 있다. https://github.com/stitchlabio/terraform-up-and-running-code

반복문

2장에서 아마존 웹 서비스 콘솔을 통해서 IAM 사용자를 만들어 보았다. 이제 해당 사용자의 권한을 통해서 추후 IAM 사용자를 테라폼으로 생성하고 관리할 수 있다. **live/global/iam/main.tf**의 테라폼 코드를 참고한다.

```
provider "aws" {
  region = "us-east-1"
}

resource "aws_iam_user" "example" {
  name = "neo"
}
```

이 코드는 aws_iam_user 리소스를 통해 IAM 사용자를 생성하는 코드다. 그럼 IAM 사용자를 3으로 만들고 싶을 때는 어떻게 하면 될까? 일반적인 프로그램 언어에서는 다음과 같이 for-loop을 사용한다.

```
# This is just pseudo code. It won't actually work in Terraform.
for i = 0; i < 3; i++ {
  resource "aws_iam_user" "example" {
    name = "neo"
  }
}
```

테라폼에는 반복문 혹은 다른 전통적인 절차 지향적 로직이 없으므로 이 구문은 동작하지 않는다. 하지만 대부분의 테라폼 리소스는 메타 변수로 **count**를 가지고 있으며, 이 변수는 생성할 리소스에 대한 복사본 수를 정의한다. 이 방법을 통해 다음과 같이 세 명의 IAM 사용자를 생성할 수 있다.

```
resource "aws_iam_user" "example" {
  count = 3
  name = "neo"
}
```

이 코드의 한 가지 문제는 사용자 이름은 항상 고유해야 하는데 세 명의 IAM 사용자가 같은 이름이 설정되기 때문에 오류가 발생한다. 일반적으로 반복문을 사용할 때 색인(index)을 사용해야 하며, 이 색인 i를 각 사용자의 고유한 이름으로 만들 수 있다.

```
# This is just pseudo code. It won't actually work in Terraform.
for i = 0; i < 3; i++ {
  resource "aws_iam_user" "example" {
    name = "neo.${i}"
  }
}
```

구문 안에 반복에 대한 색인 정보를 사용자의 이름과 같게 적용하기 위해 다음과 같이 count. index의 값을 적용한다.

```
resource "aws_iam_user" "example" {
  count = 3
  name  = "neo.${count.index}"
}
```

앞의 코드에서 plan 명령을 실행하면 테라폼이 각각 다른 이름("neo.0", "neo.1", "neo.2")을 가진 세 명의 IAM 사용자를 생성한다.

```
+ aws_iam_user.example.0
    arn:             "<computed>"
    force_destroy:   "false"
    name:            "neo.0"
    path:            "/"
    unique_id:       "<computed>"

+ aws_iam_user.example.1
    arn:             "<computed>"
    force_destroy:   "false"
    name:            "neo.1"
```

```
    path:          "/"
    unique_id:     "<computed>"

+ aws_iam_user.example.2
    arn:           "<computed>"
    force_destroy: "false"
    name:          "neo.2"
    path:          "/"
    unique_id:     "<computed>"


Plan: 3 to add, 0 to change, 0 to destroy.
```

물론 "neo.0" 사용자 이름은 유용하지 않다. 테라폼 코드의 채움 참조 함수에서 count.index 를 사용하는 경우 각 반복되는 구간에 사용자를 정의할 수 있다.

예를 들어, IAM 사용자 이름에 대해 입력 변수를 다음과 같이 **live/global/iam/vars.tf**에 정 의할 수 있다.

```
variable "user_names" {
  description = "Create IAM users with these names"
  type        = "list"
  default     = ["neo", "trinity", "morpheus"]
}
```

일반적인 프로그래밍 언어의 반복문과 리스트를 사용하는 경우, var.user_names 배열에서 색 인 i를 찾아 다른 이름을 사용하도록 각 사용자 이름을 구성한다.

```
# This is just pseudo code. It won't actually work in Terraform.
for i = 0; i < 3; i++ {
  resource "aws_iam_user" "example" {
    name = "${vars.user_names[i]}"
  }
}
```

테라폼에서는 count와 element, length를 사용하는 두 채움 참조 함수로 동일하게 구현할 수 있다.

```
"${element(LIST, INDEX)}"
"${length(LIST)}"
```

element 함수는 주어진 리스트의 색인에 있는 항목을 반환한다.[1] length 함수는 리스트에 몇 개의 값이 존재하는지에 대해서 반환한다(문자열과 맵에서도 동작한다).

```
resource "aws_iam_user" "example" {
  count = "${length(var.user_names)}"
  name  = "${element(var.user_names, count.index)}"
}
```

이제 plan 명령어를 수행하면 테라폼이 고유한 이름을 가진 IAM 사용자들을 만드는 것을 확인할 수 있다.

```
+ aws_iam_user.example.0
    arn:           "<computed>"
    force_destroy: "false"
    name:          "neo"
    path:          "/"
    unique_id:     "<computed>"

+ aws_iam_user.example.1
    arn:           "<computed>"
    force_destroy: "false"
    name:          "trinity"
    path:          "/"
    unique_id:     "<computed>"

+ aws_iam_user.example.2
    arn:           "<computed>"
    force_destroy: "false"
    name:          "morpheus"
    path:          "/"
    unique_id:     "<computed>"

Plan: 3 to add, 0 to change, 0 to destroy.
```

리소스에 대해 count를 사용하면 리소스가 아니라 리소스 목록이 된다. aws_iam_user. example은 이제 IAM 사용자 목록이며, 표준 구문을 사용하여 해당 리소스(TYPE.NAME. ATTRIBUTE)에서 속성을 읽는 대신 목록에서 색인을 지정하여 목록에 있는 IAM 사용자를 지정한다.

---

1 인덱스가 리스트에 있는 항목의 수보다 크면 엘리먼트 함수가 표준 mod 함수를 사용하여 자동으로 '줄 바꿈'한다.

```
"${TYPE.NAME.INDEX.ATTRIBUTE}"
```

예를 들어, IAM 사용자의 변수로 ARN을 제공하고자 하면 다음과 같이 작성하면 된다.

```
output "neo_arn" {
  value = "${aws_iam_user.example.0.arn}"
}
```

모든 IAM 사용자의 ARN을 출력하고자 한다면 색인 대신에 '*' 문자를 사용한다.

```
"${aws_iam_user.example.*.arn}"
```

특수 문자를 사용하면 목록이 반환되므로 출력 변수를 대괄호로 묶어야 한다.

```
output "all_arns" {
  value = ["${aws_iam_user.example.*.arn}"]
}
```

apply 명령어를 통해서 적용하면 all_arns 출력이 다음과 같이 ARN의 리스트로 보인다.

```
> terraform apply

(...)

Apply complete! Resources: 3 added, 0 changed, 0 destroyed.

Outputs:

all_arns = [
    arn:aws:iam::123456789012:user/neo,
    arn:aws:iam::123456789012:user/trinity,
    arn:aws:iam::123456789012:user/morpheus
]
```

"*" 구문은 목록을 반환하므로 요소 등의 다른 채움 참조 함수와 결합할 수 있다. 예를 들어, 각 IAM 사용사에게 EC2에 대한 읽기 전용 액세스 권한을 부여한다고 가정해 보자. 새로운 IAM 사용자는 기본적으로 사용 권한이 없으며, IAM 정책을 해당 IAM 사용자에게 첨부해야 한다. IAM 정책의 json 문서는 다음과 같다.

```
{
  "Statement": [
    {
      "Effect": "Allow",
      "Action": ["ec2:Describe*"],
      "Resource": ["*"]
    }
  ]
}
```

IAM 정책은 하나 이상의 **문장**(statements)으로 구성되며, 허용 혹은 거부와 같은 **효과**(effect)
를 지정해야 하며, 하나 이상의 **실행**(action)("ec2:Describe*"는 EC2에서 Describe로 시작하는 모든
API 요청을 허용)과 하나 이상의 **리소스**("*"은 모든 리소스)를 포함한다. JSON으로 IAM 정책을
정의할 수 있지만, 테라폼은 같은 IAM 정책을 정의할 수 있도록 aws_iam_policy_document
라는 보다 간결한 방법의 데이터 소스를 제공한다.

```
data "aws_iam_policy_document" "ec2_read_only" {
  statement {
    effect    = "Allow"
    actions   = ["ec2:Describe*"]
    resources = ["*"]
  }
}
```

이 문서에서 새로운 관리 IAM 정책을 만들기 위해서는 aws_iam_policy 리소스를 사용하고
정책 매개변수를 방금 생성한 aws_iam_policy_document의 JSON 출력으로 설정해야 한다.

```
resource "aws_iam_policy" "ec2_read_only" {
  name   = "ec2-read-only"
  policy = "${data.aws_iam_policy_document.ec2_read_only.json}"
}
```

최종적으로, aws_iam_user_policy_attachment 리소스를 통해 새로운 IAM 사용자에 IAM 정
책을 할당할 수 있다.

```
resource "aws_iam_user_policy_attachment" "ec2_access" {
  count      = "${length(var.user_names)}"
  user       = "${element(aws_iam_user.example.*.name, count.index)}"
  policy_arn = "${aws_iam_policy.ec2_read_only.arn}"
}
```

이 코드는 count 매개변수를 사용하여 각 IAM 사용자와 element 채움 참조 함수를 반복하여 aws_iam_user.example. *. arn이 반환한 목록에서 각 사용자의 ARN을 선택한다.

if 문

count를 사용하면 기본 반복문을 수행할 수 있으며, 같은 메커니즘을 사용하여 기본적인 조건 문을 수행할 수 있다. 우선 다음 단원에서 간단한 if 문을 살펴보고, 더 복잡한 문으로 이동한다.

기본 if 문

4장에서 웹 서버 클러스터를 배포하기 위해 '청사진'이라고 볼 수 있는 테라폼 모듈을 만들어 보았다. 모듈을 통해 자동 확장 그룹, 로드 밸런서, 보안 그룹 그리고 다른 리소스를 구성할 수 있었으며, 아직 자동 스케일링을 수행하는 일정에 대해서는 설정하지 않았다. 상용 환경에서 클러스터를 확장하고자 할 때 aws_autoscaling_schedule 리소스는 **live/prod/service/webserver-cluster/main.tf** 아래에 정의하면 된다. webserver-cluster 클러스터 모듈에서 aws_autoscaling_schedule의 리소스를 조건절로 일부는 사용하고, 일부는 사용하지 않도록 어떻게 설정할 것인가?

테라폼에서 해결 방법은 **modules/services/webserver-cluster/vars.tf**에 불린(Boolean) 입력 변수를 추가하여 자동 확장이 가능하도록 설정하는 것이다.

```
variable "enable_autoscaling" {
  description = "If set to true, enable auto scaling"
}
```

일반적인 프로그램 언어를 사용할 경우에는 다음과 같이 입력 변수에 if 문을 정의할 수 있다.

```
# This is just pseudo code. It won't actually work in Terraform.
if ${var.enable_autoscaling} {
  resource "aws_autoscaling_schedule" "scale_out_during_business_hours" {
    scheduled_action_name = "scale-out-during-business-hours"
    min_size              = 2
    max_size              = 10
    desired_capacity      = 10
    recurrence            = "0 9 * * *"
```

```
    autoscaling_group_name = "${aws_autoscaling_group.example.name}"
  }

  resource "aws_autoscaling_schedule" "scale_in_at_night" {
    scheduled_action_name   = "scale-in-at-night"
    min_size                = 2
    max_size                = 10
    desired_capacity        = 2
    recurrence              = "0 17 * * *"
    autoscaling_group_name = "${aws_autoscaling_group.example.name}"
  }
}
```

하지만 테라폼은 if 문을 지원하지 않으므로 위의 코드는 동작하지 않는다. 하지만 count 매개
변수를 사용하고 두 가지 속성을 사용하여 같은 작업을 수행할 수 있다.

1. 테라폼에서 부울 값을 true(양쪽에 따옴표 없이) 설정으로 하면 1로 치환되고, false라면 0
   으로 치환된다.

2. 리소스에 대해 count를 1로 설정하면 해당 리소스의 사본이 하나 생기고, count를 0으
   로 설정하면 해당 리소스가 생성되지 않는다.

위의 두 가지 방법을 참고하여 다음의 webserver-cluster 모듈을 생성할 수 있다.

```
resource "aws_autoscaling_schedule" "scale_out_during_business_hours" {
  count = "${var.enable_autoscaling}"

  scheduled_action_name   = "scale-out-during-business-hours"
  min_size                = 2
  max_size                = 10
  desired_capacity        = 10
  recurrence              = "0 9 * * *"
  autoscaling_group_name = "${aws_autoscaling_group.example.name}"
}

resource "aws_autoscaling_schedule" "scale_in_at_night" {
  count = "${var.enable_autoscaling}"

  scheduled_action_name   = "scale-in-at-night"
  min_size                = 2
  max_size                = 10
  desired_capacity        = 2
  recurrence              = "0 17 * * *"
  autoscaling_group_name = "${aws_autoscaling_group.example.name}"
}
```

var.enable_autoscaling이 참이라면 각 aws_autoscaling_schedule 리소스의 count 값은 1로 설정되므로 리소스가 만들어진다. var.enable_autoscaling이 거짓이라면 각 aws_autoscaling_schedule 리소스의 count 값이 0으로 설정되므로 어느 것도 생성되지 않는다. 이것이 정확히 우리가 원하는 조건절이다.

이제 enable_autoscaling을 false로 설정하여 스테이징에서 자동 확장을 사용하지 않도록(live/stage/services/webserver-cluster/main.tf에서) 하여 모듈의 동작 방식을 업데이트할 수 있다.

```
module "webserver_cluster" {
  source = "../../../../modules/services/webserver-cluster"

  cluster_name          = "webservers-stage"
  db_remote_state_bucket = "(YOUR_BUCKET_NAME)"
  db_remote_state_key   = "stage/data-stores/mysql/terraform.tfstate"

  instance_type      = "t2.micro"
  min_size           = 2
  max_size           = 2
  enable_autoscaling = false
}
```

마찬가지로 enable_autoscaling을 true로 설정하여 자동 확장을 사용하도록 상용 환경(live/prod/services/webserver-cluster/main.tf)에서 모듈의 동작 방식을 업데이트할 수 있다(추가로 4장의 상용 환경에 있던 사용자 정의 aws_autoscaling_schedule 리소스를 제거해야 한다).

```
module "webserver_cluster" {
  source = "../../../../modules/services/webserver-cluster"

  cluster_name          = "webservers-prod"
  db_remote_state_bucket = "(YOUR_BUCKET_NAME)"
  db_remote_state_key   = "prod/data-stores/mysql/terraform.tfstate"

  instance_type      = "m4.large"
  min_size           = 2
  max_size           = 10
  enable_autoscaling = true
}
```

더욱 복잡한 if 문

사용자가 명시적으로 부울 값을 모듈에 전달하면 잘 동작하지만, 더 복잡한 비교를 해야 할 경우는 어떻게 해야 할까? 더욱 복잡한 경우를 처리하기 위해 count 매개변수를 다시 사용할 수 있지만, 이번에는 부울 변수로 설정하는 대신 **조건**에 의해 반환된 값으로 설정한다. 테라폼의 조건은 다른 프로그래밍 언어와 같은 형태로 **삼항(ternary) 구문**을 사용한다.

```
"${CONDITION ? TRUEVAL : FALSEVAL}"
```

예를 들어, 앞 절에서 간단한 if 문을 수행하는 방법은 다음과 같다.

```
count = "${var.enable_autoscaling ? 1 : 0}"
```

다음에 조금 더 복잡한 예시가 있다. 웹 서버 클러스터 모듈의 일부로 CloudWatch 알람 세트를 만들고 싶다고 생각해 보자. 특정 측정 항목이 미리 정의된 기준을 초과하면 다양한 메커니즘(예: 이메일, 문자 메시지)을 통해 알림을 보내도록 **CloudWatch 알람**을 구성할 수 있다. 예를 들어, **modules/services/webserver-cluster/main.tf**에 있는 aws_cloudwatch_metric_alarm 리소스를 통해 CPU 사용량이 5분 동안 평균 90% 이상이 되었을 때 알람이 발생하도록 하는 구성이다.

```
resource "aws_cloudwatch_metric_alarm" "high_cpu_utilization" {
  alarm_name  = "${var.cluster_name}-high-cpu-utilization"
  namespace   = "AWS/EC2"
  metric_name = "CPUUtilization"

  dimensions = {
    AutoScalingGroupName = "${aws_autoscaling_group.example.name}"
  }

  comparison_operator = "GreaterThanThreshold"
  evaluation_periods  = 1
  period              = 300
  statistic           = "Average"
  threshold           = 90
  unit                = "Percent"
}
```

CPU Utilization 경보에는 문제가 없지만, CPU 크레딧(credit)이 낮을 때 울리는 다른 알람을 추가하고 싶다면 어떻게 할까?[2] 다음은 웹 서버 클러스터에서 거의 CPU 여유가 없을 때 발생하는 CloudWatch 알람이다.

```
resource "aws_cloudwatch_metric_alarm" "low_cpu_credit_balance" {
  alarm_name   = "${var.cluster_name}-low-cpu-credit-balance"
  namespace    = "AWS/EC2"
  metric_name  = "CPUCreditBalance"

  dimensions = {
    AutoScalingGroupName = "${aws_autoscaling_group.example.name}"
  }

  comparison_operator = "LessThanThreshold"
  evaluation_periods  = 1
  period              = 300
  statistic           = "Minimum"
  threshold           = 10
  unit                = "Count"
}
```

CPU 크레딧이 적용되는 t 계열(t2.micro, t2.medium 등)의 인스턴스만 감지하며, 다른 큰 인스턴스(m4.large와 같은) 계열은 CPU 크레딧의 제약사항이 없기 때문에 CPUCreditBalance 모니터링 항목을 수집하지 않는다. 이 인스턴스에 대해 알람을 설정하면 '불충분한 데이터 (INSUFFICIENT_DATA)'로 나타나서 혼돈이 생길 수 있다. 이를 방지하기 위해 var.instance_ type이 t로 시작하는 계열만 알람을 설정하는 방법이 있다. var.is_t2_instance라는 새로운 부울 입력 변수를 추가할 수는 있으나 var.instance_type과 중복되어 업데이트할 때 실수하기 쉽다. 좋은 해결책은 다음과 같이 조건절을 활용하는 것이다.

```
resource "aws_cloudwatch_metric_alarm" "low_cpu_credit_balance" {
  count = "${format("%.1s", var.instance_type) == "t" ? 1 : 0}"

  alarm_name   = "${var.cluster_name}-low-cpu-credit-balance"
  namespace    = "AWS/EC2"
  metric_name  = "CPUCreditBalance"
  dimensions = {
    AutoScalingGroupName = "${aws_autoscaling_group.example.name}"
  }
```

---

[2] CPU 크레딧은 http://amzn.to/2lTuvs5에서 확인할 수 있다.

```
    comparison_operator = "LessThanThreshold"
    evaluation_periods  = 1
    period              = 300
    statistic           = "Minimum"
    threshold           = 10
    unit                = "Count"
}
```

알람 코드는 비교적 복잡한 카운트 변수를 제외하고는 이전과 같다.

```
count = "${format("%.1s", var.instance_type) == "t" ? 1 : 0}"
```

이 코드는 포맷 함수를 사용하여 var.instance_type의 첫 번째 문자만 추출한다. 만일 문자열에 't'(예를 들어, t2.micro)가 있으면 count가 1로 치환되며, 아니면 0으로 치환된다. 이 방식은 CPUCreditBalance 항목이 존재하는 인스턴스 타입만 알람을 설정한다.

if-else 문

if 문에 대해 동작 방법은 이해하였지만, if-else 문은 어떻게 할까? 우선 간단한 if-else 문을 보고, 그다음 좀 더 복잡한 문장을 배워본다.

간단한 if-else 문

이 장 앞에서, EC2를 읽기 전용으로 접근하는 여러 IAM 사용자를 만들었다. 이 사용자 중의 하나인 neo에게 CloudWatch의 접근 권한을 부여하고, 테라폼 설정을 통하여 읽기 혹은 읽고 쓰기 권한 중 하나를 준다고 가정해 보자. 일부러 상황을 만든 예제이지만, if-else 구문의 간단한 유형을 쉽게 보여준다. 이 구문의 중요한 점은 if 또는 else 분기 중 하나가 실행되며, 테라폼 코드 나머지 부분의 분기를 알 필요가 없다는 것이다.

다음은 CloudWatch에 대해 읽기를 허용하는 IAM 정책이다.

```
resource "aws_iam_policy" "cloudwatch_read_only" {
  name   = "cloudwatch-read-only"
  policy = "${data.aws_iam_policy_document.cloudwatch_read_only.json}"
}
```

```
data "aws_iam_policy_document" "cloudwatch_read_only" {
  statement {
    effect    = "Allow"
    actions   = ["cloudwatch:Describe*", "cloudwatch:Get*", "cloudwatch:List*"]
    resources = ["*"]
  }
}
```

다음은 CloudWatch에 대한 전체(읽기 및 쓰기) 액세스를 허용하는 IAM 정책이다.

```
resource "aws_iam_policy" "cloudwatch_full_access" {
  name   = "cloudwatch-full-access"
  policy = "${data.aws_iam_policy_document.cloudwatch_full_access.json}"
}

data "aws_iam_policy_document" "cloudwatch_full_access" {
  statement {
    effect    = "Allow"
    actions   = ["cloudwatch:*"]
    resources = ["*"]
  }
}
```

목표는 give_neo_cloudwatch_full_access라는 새로운 입력 변수의 값을 기반으로 이러한 IAM 정책 중 하나를 neo 사용자에게 설정하는 것이다.

```
variable "give_neo_cloudwatch_full_access" {
  description = "If true, neo gets full access to CloudWatch"
}
```

일반적인 프로그래밍 언어를 사용하고 있다면 if-else 구문을 다음과 같이 사용하면 된다.

```
# This is just pseudo code. It won't actually work in Terraform.
if ${var.give_neo_cloudwatch_full_access} {
  resource "aws_iam_user_policy_attachment" "neo_cloudwatch_full_access" {
    user       = "${aws_iam_user.example.0.name}"
    policy_arn = "${aws_iam_policy.cloudwatch_full_access.arn}"
  }
} else {
  resource "aws_iam_user_policy_attachment" "neo_cloudwatch_read_only" {
    user       = "${aws_iam_user.example.0.name}"
    policy_arn = "${aws_iam_policy.cloudwatch_read_only.arn}"
  }
}
```

테라폼에서 이 작업을 수행하려면 count 매개변수와 부울을 둘 다 사용할 수 있지만, 이번에는 테라폼 채움 참조 구문을 통해 간단한 계산을 허용한다는 것을 활용한다.

```
resource "aws_iam_user_policy_attachment" "neo_cloudwatch_full_access" {
  count = "${var.give_neo_cloudwatch_full_access}"

  user       = "${aws_iam_user.example.0.name}"
  policy_arn = "${aws_iam_policy.cloudwatch_full_access.arn}"
}

resource "aws_iam_user_policy_attachment" "neo_cloudwatch_read_only" {
  count = "${1 - var.give_neo_cloudwatch_full_access}"

  user       = "${aws_iam_user.example.0.name}"
  policy_arn = "${aws_iam_policy.cloudwatch_read_only.arn}"
}
```

이 코드에는 두 개의 aws_iam_user_policy_attachment 리소스가 포함되어 있다. 첫 번째는 CloudWatch의 전체 접근 권한을 부여하는 것이며, count 매개 변수가 var.give_neo_cloudwatch_full_access의 값에 따라 결정되고 var.give_neo_cloudwatch_full_access가 참인 경우에만 리소스가 만들어진다.

두 번째는 CloudWatch의 읽기 권한을 부여하는 것이며, count 매개 변수가 "1 - var.give_neo_cloudwatch_full_access"이기 때문에 var.give_neo_cloudwatch_full_access가 거짓인 경우에 리소스가 생성된다.

더 복잡한 if-else 문

이 접근법은 테라폼 코드가 실제로 실행된 if 또는 else 절에 대해 알 필요가 없는 경우 효과적이다. 하지만 if 또는 else 절에서 나오는 리소스의 일부 출력 특성에 접근하여 선택해야 할 때는 어떻게 해야 할까? 예를 들어, 웹 서버 클러스터 모듈에 두 개의 다른 사용자 데이터 스크립트를 제공하고 사용자가 특정 스크립트를 실행하도록 선택할 수 있게 하려면 어떻게 해야 할까? 지금 웹 서버 클러스터 모듈은 template_file 데이터 소스를 통해 **user-data.sh** 스크립트를 가져온다.

```
data "template_file" "user_data" {
  template = "${file("${path.module}/user-data.sh")}"

  vars {
    server_port = "${var.server_port}"
    db_address  = "${data.terraform_remote_state.db.address}"
    db_port     = "${data.terraform_remote_state.db.port}"
  }
}
```

또한, **user-data.sh** 스크립트는 다음과 같다.

```
#!/bin/bash

cat > index.html <<EOF
<h1>Hello, World</h1>
<p>DB address: ${db_address}</p>
<p>DB port: ${db_port}</p>
EOF
nohup busybox httpd -f -p "${server_port}" &
```

이제 웹 서버 클러스터 중 일부가 **user-data-new.sh**라는 더 짧은 스크립트를 사용하게 하고 싶다고 생각해 보자.

```
#!/bin/bash

echo "Hello, World, v2" > index.html
nohup busybox httpd -f -p "${server_port}" &
```

이 스크립트를 사용하려면 새 template_file 데이터 소스가 필요하다.

```
data "template_file" "user_data_new" {
  template = "${file("${path.module}/user-data-new.sh")}"

  vars {
    server_port = "${var.server_port}"
  }
}
```

목적은 웹 서버 클러스터 모듈의 사용자가 이러한 사용자 데이터 스크립트 중 하나를 선택할 수 있는지이며, 이 첫 단계로 **modules/services/webserver-cluster/vars.tf**에 새로운 부울 입력 변수를 추가한다.

```
variable "enable_new_user_data" {
  description = "If set to true, use the new User Data script"
}
```

일반적인 프로그래밍 언어를 사용하는 경우 다음과 같이 두 개의 사용자 데이터 template_file 옵션 중 하나를 선택하기 위해 실행 구성에 if-else 문을 추가할 수 있다.

```
# This is just pseudo code. It won't actually work in Terraform.
resource "aws_launch_configuration" "example" {
  image_id        = "ami-40d28157"
  instance_type   = "${var.instance_type}"
  security_groups = ["${aws_security_group.instance.id}"]

  if ${var.enable_new_user_data} {
    user_data = "${data.template_file.user_data_new.rendered}"
  } else {
    user_data = "${data.template_file.user_data.rendered}"
  }

  lifecycle {
    create_before_destroy = true
  }
}
```

template_file 데이터 소스 중 하나가 실제로 작성되기 전에 if-else 문이 동작하도록 테라폼 코드를 작성해야 한다.

```
data "template_file" "user_data" {
  count = "${1 - var.enable_new_user_data}"

  template = "${file("${path.module}/user-data.sh")}"

  vars {
    server_port = "${var.server_port}"
    db_address  = "${data.terraform_remote_state.db.address}"
    db_port     = "${data.terraform_remote_state.db.port}"
  }
}

data "template_file" "user_data_new" {
  count = "${var.enable_new_user_data}"

  template = "${file("${path.module}/user-data-new.sh")}"
```

```
  vars {
    server_port = "${var.server_port}"
  }
}
```

var.enable_new_user_data가 참이라면 data.template_file.user_data_new가 생성되고 data.
template_file.user_data는 생성되지 않으며, 거짓이라면 다른 방법으로 수행된다.

이제 aws_launch_configuration 리소스의 user_data 매개변수를 실제로 존재하는 template_
file로 설정하면 된다. 이렇게 하려면 다음과 같이 concat 채움 참조 함수를 이용하면 된다.

```
"${concat(LIST1, LIST2, ...)}"
```

concat 함수는 둘 이상의 목록을 하나의 목록으로 결합하는 함수다. 이 속성을 활용해서
element 함수와 결합하여 적절한 template_file을 선택하는 방법은 다음과 같다.

```
resource "aws_launch_configuration" "example" {
  image_id        = "ami-40d28157"
  instance_type   = "${var.instance_type}"
  security_groups = ["${aws_security_group.instance.id}"]

  user_data = "${element(concat(data.template_file.user_data.*.rendered, data.
template_file.user_data_new.*.rendered), 0)}"
  lifecycle {
    create_before_destroy = true
  }
}
```

user_data 매개변수의 단위로 쪼개서 다시 살펴보자. 먼저 내부 사항이다.

```
concat(data.template_file.user_data.*.rendered, data.template_file.user_data_
new.*.rendered)
```

두 개의 template_file 리소스는 둘 다 리스트이며, 모두 var.enable_new_user_data의 값에 따라서
count 매개 변수가 정의된다. 이 두 개의 리스트 중 하나는 길이가 1이 되고, 다른 하나는 길이가
0이 된다. 이제 concat 함수를 사용하여 이 두 리스트를 길이가 1인 하나의 리스트로 결합한다.

```
user_data = "${element(<INNER>, 0)}"
```

이제 element 함수를 사용하여 내부에서 반환된 길이가 1인 리스트의 값이 추출된다.

```
user_data = [
    #!/bin/bash

echo "Hello, World, v2" > index.html
nohup busybox httpd -f -p "8080" &

]
```

스테이징 환경 파일인 **live/stage/services/webserver-cluster/main.tf**에 enable_new_user_data 변수를 참으로 설정하여 새로운 사용자 데이터 스크립트를 검증할 수 있다.

```
module "webserver_cluster" {
  source = "../../../../modules/services/webserver-cluster"

  cluster_name          = "webservers-stage"
  db_remote_state_bucket = "(YOUR_BUCKET_NAME)"
  db_remote_state_key    = "stage/data-stores/mysql/terraform.tfstate"

  instance_type         = "t2.micro"
  min_size              = 2
  max_size              = 2
  enable_autoscaling    = false
  enable_new_user_data  = true
}
```

상용 환경에서는 **live/prod/services/webserver-cluster/main.tf**에서 enable_new_user_data를 false로 설정하여 이전 버전의 스크립트를 사용할 수 있다.

```
module "webserver_cluster" {
  source = "../../../../modules/services/webserver-cluster"

  cluster_name          = "webservers-prod"
  db_remote_state_bucket = "(YOUR_BUCKET_NAME)"
  db_remote_state_key    = "prod/data-stores/mysql/terraform.tfstate"

  instance_type         = "m4.large"
  min_size              = 2
  max_size              = 10
  enable_autoscaling    = true
  enable_new_user_data  = false
}
```

채움 참조 함수 및 count를 사용하여 if-else 문을 시뮬레이터 하는 것은 약간의 해킹이지만 상당히 잘 작동하는 코드이며, 많은 복잡성을 숨겨서 깨끗하고 간단한 API로 작업할 수 있다.

무중단 배포

이제 모듈에 웹 서버 클러스터 배포를 간단한 API로 할 수 있게 되었지만, 클러스터에 대한 정보를 업데이트하기 위해서는 어떻게 해야 할까? 다시 말해 코드를 수정할 때 어떻게 클러스터에 새로운 AMI를 배포할 수 있을까? 그리고 어떻게 서비스 중단 없이 수행할 수 있을까?

AMI를 배포히는 첫 번째 단계는 **modules/services/webservercluster/vars.tf**에 입력 번숫값을 수정하는 것이다. 실제 웹 서버 코드는 AMI에 정의되어 있으므로, 실제 예제에서는 이것이 모두 필요하다. 하지만 이 책의 예제에서는 웹 서버의 코드는 사용자 데이터 스크립트에 존재하며, AMI는 기본적인 우분투 이미지다. 다른 우분투 버전으로 변경하더라도 크게 도움이 되지 않으며, 새로운 AMI 입력 변수 외에도 다음과 같이 할 수 있다. 사용자 데이터 스크립트가 one-liner HTTP 서버에서 반환하는 텍스트를 제어하는 입력 변수를 추가한다.

```
variable "ami" {
  description = "The AMI to run in the cluster"
  default     = "ami-40d28157"
}

variable "server_text" {
  description = "The text the web server should return"
  default     = "Hello, World"
}
```

이 장의 앞부분에서 if-else 문을 연습하기 위해 만든 두 개의 사용자 데이터 스크립트를 간단하게 하나로 통합한다. 먼저 **modules/services/webserver-cluster/vars.tf**에서 enable_new_user_data 입력 변수를 제거한다. 그리고 modules/services/webserver-cluster/main.tf에서 user_data_new라는 template_file 리소스를 제거한다. 셋째로, 같은 파일에서 다른 user_data로 불리는 template_file 리소스를 업데이트하고, enable_new_user_data 입력 변수는 더 이상 사용하지 말고 새로운 server_text 입력 변수를 vars 블록에 추가한다.

```
data "template_file" "user_data" {
  template = "${file("${path.module}/user-data.sh")}"

  vars {
    server_port = "${var.server_port}"
    db_address  = "${data.terraform_remote_state.db.address}"
    db_port     = "${data.terraform_remote_state.db.port}"
    server_text = "${var.server_text}"
  }
}
```

이제 반환하는 <h1> 태그에서 이 server_text 변수를 사용하도록 **modules/services/webserver-cluster/user-data.sh** 배시 스크립트를 업데이트한다.

```
#!/bin/bash

cat > index.html <<EOF
<h1>${server_text}</h1>
<p>DB address: ${db_address}</p>
<p>DB port: ${db_port}</p>
EOF

nohup busybox httpd -f -p "${server_port}" &
```

마지막으로, **modules/services/webserver-cluster/main.tf**에 구성 설정의 user_data 변수를 template_file로 설정하고(user_data로 불린다), AMI 매개 변수를 새로운 AMI 입력 변수로 처리한다.

```
resource "aws_launch_configuration" "example" {
  image_id        = "${var.ami}"
  instance_type   = "${var.instance_type}"
  security_groups = ["${aws_security_group.instance.id}"]

  user_data = "${data.template_file.user_data.rendered}"

  lifecycle {
    create_before_destroy = true
  }
}
```

이제는 스테이징 환경 **live/stage/services/webserver-cluster/main.tf**에서 새로운 AMI와 server_text 매개변수를 설정하고, enable_new_user_data 매개변수를 삭제한다.

```
module "webserver_cluster" {
  source = "../../../../modules/services/webserver-cluster"

  ami         = "ami-40d28157"
  server_text = "New server text"

  cluster_name            = "webservers-stage"
  db_remote_state_bucket = "(YOUR_BUCKET_NAME)"
  db_remote_state_key     = "stage/data-stores/mysql/terraform.tfstate"

  instance_type     = "t2.micro"
  min_size          = 2
  max_size          = 2
  enable_autoscaling = false
}
```

이 코드는 같은 Ubuntu AMI를 사용하지만, server_text를 새로운 값으로 변경하였다. plan 명령을 실행하면 다음과 같은 내용이 표시되며, 일부 출력을 생략하였다.

```
~ module.webserver_cluster.aws_autoscaling_group.example
    launch_configuration:
      "terraform-2016182624wu" => "${aws_launch_configuration.example.id}"

-/+ module.webserver_cluster.aws_launch_configuration.example
    ebs_optimized:
    enable_monitoring:
    image_id:
    instance_type:
    key_name:
    name:
    root_block_device.#: "0" => "<computed>"
    security_groups.#:    "1" => "1"
    user_data:            "416115339b" => "3bab6ede8dc" (forces new resource)


Plan: 1 to add, 1 to change, 1 to destroy.
```

보다시피, 테라폼은 두 가지 변경을 한다. 첫째, 이전 실행 구성을 업데이트된 user_data가 있는 새 구성으로 바꾸고, 자동 실행 그룹을 수정하여 새 실행 구성을 참조한다. 한 가지 옵션은 ASG를 제거하고(예: terraform destroy를 실행하여) 다시 작성하는 것이다(예: terraform apply). 문제는 오래된 ASG를 삭제한 후에 새로운 ASG가 나타날 때까지 정지 시간이 발생한다는 것이다. 우리는 무중단 배포 방식이 필요하며, 이를 달성하는 방법은 대체 ASG를 먼저 작성한 다음 원본 ASG를 제거하는 것이다. 결과적으로 create_before_destroy 생명 주기 설정이 수행

하는 작업이다. 이 라이프 사이클 설정을 활용하여 가동 중지 시간이 없는 배포를 수행하는
방법은 다음과 같다.[3]

1. 실행 구성 이름에 직접 종속되도록 ASG 이름 변수를 구성한다. 이렇게 하면 실행 구성
   이 변경될 때마다(AMI 또는 사용자 데이터를 업데이트할 때마다) 테라폼이 ASG를 교체하려
   고 시도한다.

2. ASG의 create_before_destroy 매개변수를 true로 설정하면 테라폼이 대체하려고 시도할
   때마다 원본을 삭제하기 전에 교체를 생성한다.

3. ASG의 min_elb_capacity 매개변수를 클러스터의 min_size로 설정하면 테라폼은 기존
   ASG를 삭제하기 전에 새로운 ASG의 많은 서버가 ELB에 등록될 때까지 기다린다.

다음은 **modules/services/webserver-cluster/main.tf**에 업데이트된 aws_autoscaling_group
리소스 부분이다.

```
resource "aws_autoscaling_group" "example" {
  name = "${var.cluster_name}-${aws_launch_configuration.example.name}"

  launch_configuration = "${aws_launch_configuration.example.id}"
  availability_zones   = ["${data.aws_availability_zones.all.names}"]
  load_balancers       = ["${aws_elb.example.name}"]
  health_check_type    = "ELB"

  min_size          = "${var.min_size}"
  max_size          = "${var.max_size}"
  min_elb_capacity  = "${var.min_size}"

  lifecycle {
    create_before_destroy = true
  }

  tag {
    key                 = "Name"
    value               = "${var.cluster_name}"
    propagate_at_launch = true
  }
}
```

---

3 이 기법은 폴 힌츠(Paul Hinze)가 제시하였다(http://bit.ly/2lksQgv).

앞에서 말했듯, create_before_destroy 매개변수의 주의 사항은 특정 리소스를 참으로 설정하면 해당 리소스가 의존하는 모든 리소스를 참으로 설정해야 한다는 것이다. aws_elb 리소스에 대해 참으로 설정하면 aws_security_group 리소스에 대해서도 참으로 설정해야 한다.

plan 명령을 다시 실행하면 다음과 같은 내용을 볼 수 있다(일부 출력은 생략했다).

```
-/+ module.webserver_cluster.aws_autoscaling_group.example
    availability_zones.#:
    default_cooldown:

-${aws_launch_configuration.example.name}" (forces new resource)
protect_from_scale_in: "false" => "false"
tag.#: "1" => "1"
tag.2305202985.key: "Name" => "Name"
tag.2305202985.value: "webservers-stage" => "webservers-stage"
vpc_zone_identifier.#: "1" => "<computed>"
wait_for_capacity_timeout: "10m" => "10m"

Plan: 2 to add, 2 to change, 2 to destroy.
```

알아 두어야 할 중요한 점은 aws_autoscaling_group 리소스가 name 매개변수 옆에 '강제로 새로운 리소스'라고 정의하면 테라폼이 새 버전의 코드(또는 사용자 데이터의 새 버전)를 실행하는 새로운 ASG로 바뀐다는 것이다. 적용 명령을 실행하여 배포를 시작하고 실행되는 동안 프로세스 작동 방식을 고려해야 한다. 그림 5-1처럼 현재의 코드 버전(v1)이 ASG에서 동작한다.

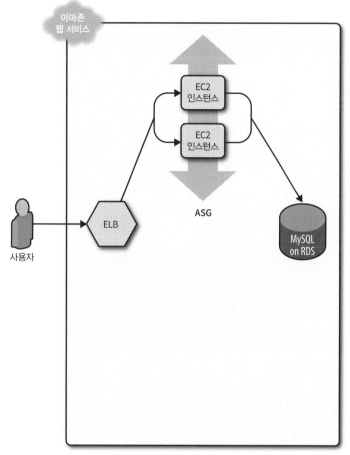

그림 5-1 처음에는 코드의 v1이 적용된 ASG만 존재

AMI를 코드 버전 v2로 변경하여 시작 구성의 일부 설정을 변경하고 apply 명령을 실행하면, 테라폼이 그림 5-2와 같이 v2의 코드로 새 ASG를 배포한다.

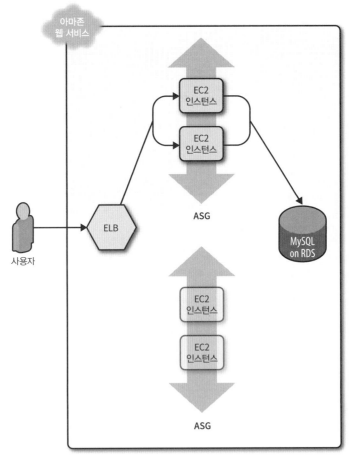

그림 5-2 테라폼이 코드 v2의 이미지를 통해 새 ASG를 배포하기 시작

이후 새로운 ASG의 서버가 시작되고, 데이터베이스에 연결되어 ELB에 등록된다. 그림 5-3과 같이 이 시점에서 앱의 v1과 v2 버전이 동시에 실행되며, 사용자에게 전달되는 버전은 ELB가 어디로 트래픽을 전달하는지에 따라 다르다.

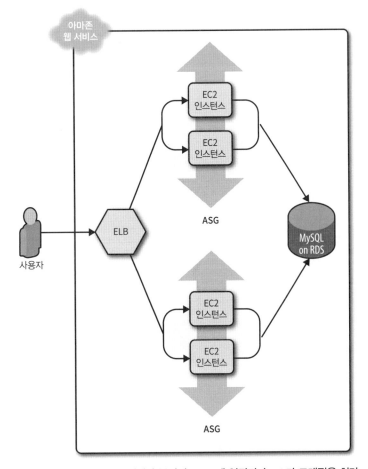

그림 5-3 새로운 ASG의 서버가 부팅되고, DB에 연결되며 ELB가 트래픽을 처리

새로운 클러스터의 ELB에 min_elb_capacity에 정의한 개수만큼의 서버가 ELB에 등록되면 테라폼은 그림 5-4와 같이 ELB에서 이전 ASG의 서버를 제외한 후 서버를 종료시킨다.

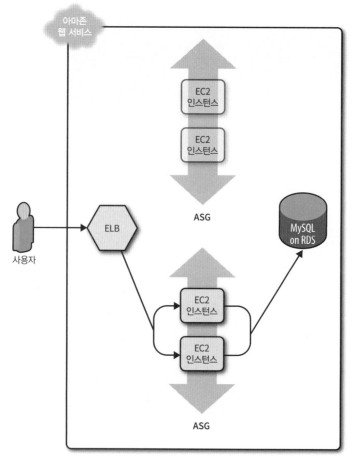

그림 5-4 이전 ASG의 서버가 종료되기 시작

1~2분 후 오래된 ASG는 사라지고, 새로운 ASG에서 실행 중인 앱의 v2만 남게 된다(그림 5-5).

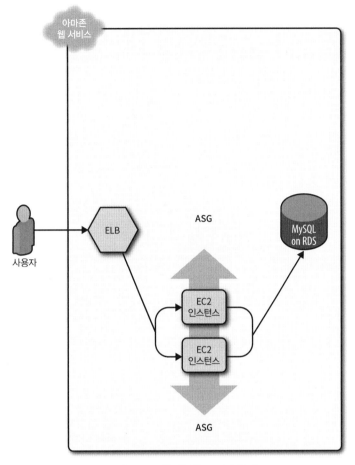

그림 5-5 v2의 새로운 ASG만 존재

이 전체 프로세스 중에는 항상 ELB의 요청을 실행하고 처리하는 서버가 있으므로 중단 시간
이 없다. 브라우저에서 ELB URL로 접속하면 그림 5-6과 같은 화면이 나타난다.

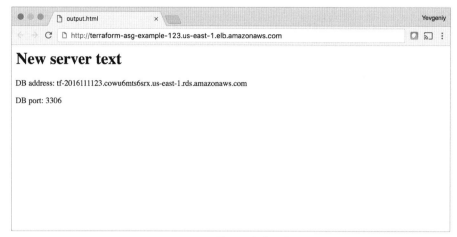

그림 5-6 새 코드가 배포됨

새 서버 텍스트가 성공적으로 배포되었다. 검증하기 위해 추가로 server_text 매개변수를 다시 변경(예: 'foo bar'로 업데이트)하고 apply 명령을 실행해 보자.

리눅스, 유닉스, macOS를 사용하는 경우 별도의 터미널 탭에서 한 줄 배시 명령어를 사용하여 ELB를 초마다 한 번씩 상태를 확인하는 curl 반복문을 통해 무중단으로 배포되는 것을 확인할 수 있다.

```
> while true; do curl http://<load_balancer_url>; sleep 1; done
```

처음 1분 정도면 '새 서버 텍스트'의 응답이 표시된다. 그다음 '새 서버 텍스트'와 'foo bar'를 번갈아 표시한다. 이것은 새로운 인스턴스가 ELB에 등록되었다는 것을 의미하고, 1분 후에 '새 서버 텍스트'가 사라지고 'foo bar'만 보여 오래된 ASG가 제거되었다는 것을 알 수 있다. 즉, 다음과 같이 출력된다(명확하게 하려고 <h1> 태그를 입력하였다).

```
New server text
New server text
New server text
New server text
New server text
New server text
foo bar
New server text
foo bar
New server text
```

```
foo bar
New server text
foo bar
New server text
foo bar
foo bar
foo bar
foo bar
```

추가로 배포 중에 문제가 발생하면 테라폼이 자동으로 롤백된다! 예를 들어, 앱의 v2에 버그가 있어 부팅하지 못하면 새 ASG의 인스턴스가 ELB에 등록되지 않는다. 테라폼의 v2 ASG의 min_elb_capacity 서버가 ELB에 등록하기 위해 wait_for_capacity_timeout(기본값은 10분)을 기다린 후 배포가 실패한 것으로 간주하고, v2 ASG를 삭제하고 오류와 함께 종료된다(한편 v1 응용 프로그램은 원래 ASG에서 계속 정상적으로 실행된다).

테라폼 주의사항

반복문, 조건문, 배포 방법 및 팁과 요령을 주의 깊게 알아보았더라도 몇 가지 제한 사항을 되짚어 보아야 하며, 일반적인 문제는 다음과 같다.

- 카운트의 제한(0.9 버전 이하)
- 무중단 배포의 제한 사항
- 유효한 계획의 실패
- 까다로운 리팩토링
- 강력한 일관성과 최종 일관성

카운트의 제한(0.9 버전 이하)

이 장의 예에서는 반복문, 조건문에서 count 매개변수를 광범위하게 사용했다. 하지만 동적 데이터를 count 매개변수에 사용할 수 없다는 제한이 있다. '동적 데이터'는 공급자(예: 데이터 소스)에서 가져오거나 리소스가 생성된 후에만 사용할 수 있는 데이터(예: 리소스의 출력 속성)를 뜻한다.

예를 들어, 여러 개의 EC2 인스턴스를 배포하려는 경우, 어떤 이유로 자동 스케일링 그룹을 사용하지 않으려 한다고 가정해 보면 코드는 다음과 같이 보일 것이다.

```
resource "aws_instance" "example" {
  count         = 3
  ami           = "ami-40d28157"
  instance_type = "t2.micro"
}
```

현재 아마존 웹 서비스 영역에 가용 영역(AZ)당 하나의 EC2 인스턴스를 배포하려면 어떻게 해야 할까? aws_availability_zones 데이터 소스를 사용하여 AZ 목록을 검색하는 다음의 코드를 업데이트하면 된다.

```
data "aws_availability_zones" "all" {}

resource "aws_instance" "example" {
  count             = "${length(data.aws_availability_zones.all.names)}"
  availability_zone =
    "${element(data.aws_availability_zones.all.names, count.index)}"

  ami           = "ami-40d28157"
  instance_type = "t2.micro"
}
```

이 코드는 길이를 추출하는 채움 참조 함수를 사용하여 사용 가능한 AZ 수를 개수로 받아 설정하고, 요소를 추출하는 채움 참조 함수를 count.index로 사용하여 availability_zone 매개변수를 각 EC2 인스턴스의 다른 AZ로 설정한다. 이것은 매우 합리적인 접근법이지만, 불행히도 이 코드를 실행하면 다음과 같은 오류가 발생한다.

```
aws_instance.example:resource count can't reference resource variable:
data.aws_availability_zones.all.names
```

원인은 테라폼이 모든 동적 데이터를 가져오기 **전에** 모든 매개변수를 확인하기 때문이다. 따라서 ${length(data.aws_availability_zones.all.names)}를 숫자로 분석하여 AZ 목록을 가져오려고 한다. 이것은 테라폼 설계의 고유한 한계이며, 2017년 1월 현재 커뮤니티의 알려진 문제(https://github.com/hashicorp/terraform/issues/3888)다.

현재로서는 아마존 웹 서비스 지역에 있는 AZ의 수를 수동으로 조회할 수 있으며(모든 아마존 웹 서비스 계정은 다른 AZ에 접근할 수 있으므로 EC2 대시보드(https://console.aws.amazon.com/ec2)를 확인), count 매개변수를 해당 값으로 직접 작성한다.

```
resource "aws_instance" "example" {
  count           = 3
  availability_zone =
    "${element(data.aws_availability_zones.all.names, count.index)}"

  ami         = "ami-40d28157"
  instance_type = "t2.micro"
}
```

또는, count 매개변수를 변수로 설정할 수 있다.

```
resource "aws_instance" "example" {
  count             = "${var.num_availability_zones}"
  availability_zone =
    "${element(data.aws_availability_zones.all.names, count.index)}"

  ami         = "ami-40d28157"
  instance_type = "t2.micro"
}
```

하지만 해당 변수의 값은 행 어딘가에(예: 변수로 정의된 기본값 또는 명령행 -var 옵션을 통해 전달된 값을 통해) 하드 코딩되어야 하며, 동적 데이터에 의존하지 않아야 한다.

```
variable "num_availability_zones" {
  description = "The number of Availability Zones in the AWS region"
  default     = 3
}
```

무중단 배포의 제한 사항

ASG와 함께 create_before_destroy를 사용하는 것은 무중단 배포를 위한 훌륭한 기술이지만, 자동 확장 정책에서는 작동하지 않는다는 한 가지 제약 사항이 있다. 정확하게 말하면 각 배포 후에 ASG 크기를 min_size로 다시 설정한다. 자동 확장 정책을 사용하여 실행 중인 서버의 수를 늘리면 문제가 될 수 있다.

예를 들어, 웹 서버 클러스터 모듈에는 aws_autoscaling_schedule 리소스가 2개 있다. 이 리소스 중 하나는 오전 9시에 클러스터의 서버 수를 2에서 10으로 늘린다. 예를 들어, 오전 11시에 배포를 실행한 경우 변경된 ASG는 서버가 10대가 아닌 2대에 불과하며, 그다음 날 오전 9시까지 해당 개수로 유지된다.

이를 해결하기 위한 몇 가지 해결책이 있다.

- aws_autoscaling_schedule의 반복 매개변수를 '9시에 실행'이 의미인 '0 9 * * *'에서 '오전 9시부터 오후 5시까지 매분마다 실행'을 의미하는 '0-59 9-17 * * *'로 변경한다.
- 아마존 웹 서비스 API를 사용하는 사용자 정의 스크립트를 작성하여 배포 전에 ASG에서 실행 중인 서버 수를 파악한다. 테라폼 구성에서 ASG의 desired_capacity 매개변수로 해당 값을 사용하고 배포를 시작한다. 새로운 ASG가 부팅된 후 스크립트는 desired_capacity 매개변수를 제거하여 자동 크기 조정 정책이 ASG의 크기를 제어할 수 있도록 한다. 추가로 ASG의 교체는 원본 서버와 같은 수의 서버로 부팅되며, 모든 유형의 자동 확장 정책에서 이 방법을 사용할 수 있다. 하지만 단점은 순수한 테라폼 코드가 아닌 사용자 정의의 다소 복잡한 배포 스크립트가 필요하다는 것이다.

이상적으로, 테라폼은 무중단 배포에 대한 적극적인 지원 방안을 제공하지만, 이것은 2017년 1월 테라폼 커뮤니티에 공개된 문제(https://github.com/hashicorp/terraform/issues/1552)다.

유효한 계획의 실패

때에 따라 plan 명령을 실행하면 완벽하게 올바른 계획을 보여 주지만, apply을 실행하면 오류가 발생할 수도 있다. 예를 들어, 2장에서 작성한 IAM 사용자와 같은 이름의 aws_iam_user 리소스를 추가해 보자.[4]

```
resource "aws_iam_user" "existing_user" {
  # 실제로 계정에 이미 존재하는 IAM 사용자 이름으로 다음을 변경해야 하며,
  # terraform import 명령어로 기존 리소스를 테라폼에 추가할 수 있다.
  name = "yevgeniy.brikman"
}
```

plan 명령을 실행하면 테라폼에서 다음과 같은 결과를 보여준다.

```
+ aws_iam_user.existing_user
    arn:           "<computed>"
    force_destroy: "false"
    name:          "yevgeniy.brikman"
    path:          "/"
```

---

4 옮긴이 aws_iam_user 리소스에 대한 기존 정보를 import하는 방법은 다음 웹사이트를 참조한다(https://www.terraform.io/docs/providers/aws/r/iam_user.html#import).

```
    unique_id:      "<computed>"

Plan: 1 to add, 0 to change, 0 to destroy.
```

그리고 **apply**를 수행하면 다음과 같은 에러 메시지가 발생한다.

```
Error applying plan:

* aws_iam_user.existing_user: Error creating IAM User yevgeniy.brikman:
EntityAlreadyExists: User with name yevgeniy.brikman already exists.
```

물론 문제는 그 이름을 가진 IAM 사용자가 이미 존재한다는 것이다. 이것은 IAM 사용자뿐만이 아니라, 다른 모든 리소스에 대해서도 발생한다. 혹시 누군가가 수동으로 만들어 놓았다거나, 다른 테라폼 설정으로 적용할 경우 특정 식별자가 같아서 에러가 발생한다. 이 오류는 다양한 상황에서 발생하며, 테라폼 초보자에게 흔히 발생한다.

이 부분의 핵심은 테라폼 계획은 테라폼 상태 파일에 있는 리소스만 본다는 점이다. 아마존 웹 서비스 콘솔을 통해 수동으로 클릭하는 것과 같이 테라폼 외 리소스를 생성하는 경우 테라폼의 상태 파일에 없으므로 테라폼은 plan 명령을 실행할 때 이를 고려하지 않으며, 결과적으로 유효한 계획은 실패한다.

여기에서 두 가지 주요한 교훈이 있다.

테라폼을 사용하기 시작했다면, 계속 테라폼으로 관리해야 한다

인프라 일부가 테라폼에 의해 관리되면 수동으로 변경하지 말아야 한다. 그렇지 않으면 이상한 테라폼 오류에 대비해야 할 뿐만 아니라 인프라스트럭처를 코드로 사용하면 얻을 수 있는 많은 이점을 놓친다. 왜냐하면, 해당 코드가 더 인프라스트럭처를 정확하게 표현하지 못하기 때문이다.

기존 인프라가 있는 경우 가져오기 옵션을 활용한다

테라폼을 사용하기 전에 인프라를 만들면 terrafom import 명령을 사용하여 해당 인프라를 테라폼 상태 파일에 추가할 수 있으므로 기존에 존재하는 인프라를 인식하고 관리할 수 있다. 이때 import 명령은 두 가지 인수가 필요하며, 첫 번째 인수는 테라폼 구성 파일에 있는 리소스의 이름이고, TYPE.NAME(예: aws_iam_user.existing_user)과 같은 형태다. 두 번째 인수는 가져올 리소스에 대한 ID다. 예를 들어, aws_iam_user 리소스의

ID는 사용자 이름(예: yevgeniy.brikman)이고, aws_instance의 ID는 EC2 인스턴스 ID다(예: i-190e22e5). 각 리소스를 설명하는 테라폼 공식 페이지에 일반적으로 어떻게 가져와야 하는지 언급되어 있다.

예를 들어, 테라폼 구성에서 방금 추가한 aws_iam_user를 2장에서 생성한 IAM 사용자와 동기화하는 데 사용할 수 있는 가져오기 명령은 다음과 같다('yevgeniy.brikman'을 이 명령의 사용자 이름으로 대체해야 한다).

```
> terraform import aws_iam_user.existing_user yevgeniy.brikman
```

테라폼은 아마존 웹 서비스 API를 사용하여 IAM 사용자를 찾고 해당 사용자와 테라폼 구성의 aws_iam_user.existing_user 리소스 간의 상태 파일 사이를 연결하며, 이후로 계획 명령을 실행할 때 테라폼은 IAM 사용자가 이미 있으며 다시 만들지 않는다.

테라폼으로 코드화해야 할 기존 리소스가 많은 경우 테라폼 코드를 처음부터 작성하거나 한 번에 하나씩 변환하는 것은 힘들 수 있다. 따라서 코드 및 상태를 아마존 웹 서비스 계정에서 자동으로 가져올 수 있는 terraforming(http://terraforming.dtan4.net/)과 같은 도구를 살펴볼 수 있다.

까다로운 리팩토링

일반적인 프로그래밍 방법은 외부 동작을 변경하지 않고 기존 코드의 내부 세부 정보를 재구성하는 **리팩토링**이다. 목표는 코드의 가독성, 유지 보수성 및 일반적인 코드의 간결함을 향상하는 것이다. 리팩토링은 정기적으로 수행해야 하는 필수 코딩 방법이다. 그러나 테라폼 또는 코드형 인프라 도구에 관해서는 코드의 '외부 동작'을 정의하는 것에 주의를 기울여야 하며, 그렇지 않으면 예상되지 않은 문제가 발생할 수 있다.

예를 들어, 일반적인 리팩토링 방법은 변수 또는 함수의 이름을 더 명확하게 바꾸는 것이다. 많은 IDE에는 리팩토링 지원 기능이 내장되어 있으며, 전체 코드 베이스에서 자동으로 변수 또는 함수의 이름을 바꿀 수 있다. 이러한 이름 바꾸기는 범용 프로그래밍 언어로 크게 생각하지 않고 수행할 수도 있지만, 테라폼에서 수행하는 방법은 매우 신중해야 하며, 그렇지 않으면 작동이 중단될 수 있다. 예를 들어, webserver-cluster 모듈에는 cluster_name이라는 입력 변수가 있다.

```
variable "cluster_name" {
  description = "The name to use for all the cluster resources"
}
```

모듈을 마이크로서비스 배포에 사용하기 시작했을 것이고, 처음에는 마이크로서비스 이름을 foo로 설정하고 나중에 서비스 이름을 bar로 변경하기로 했을 때 이는 사소한 변화처럼 보일 수 있지만, 실제로 장애가 발생할 수 있다. 이유는 webserver-cluster 모듈은 ELB의 이름 매개 변수와 두 개의 보안 그룹을 포함하여 많은 리소스에서 cluster_name 변수를 사용하기 때문 이다. 특정 리소스의 이름 변수를 변경하면 테라폼은 이전 버전의 리소스를 삭제하고 이를 대체할 새 버전을 만든다. 삭제하려는 리소스가 ELB면 새 ELB가 생성될 때까지 트래픽을 웹 서버 클러스터로 전달할 수 없다. 또한, 테라폼 식별자를 변경하는 것 역시 서비스에 영향도가 발생할 수 있다. 예를 들어, 다음 webserver-cluster 모듈의 aws_security_group 리소스에 대해서 생각해 보자.

```
resource "aws_security_group" "instance" {
  name = "${var.cluster_name}-instance"

  lifecycle {
    create_before_destroy = true
  }
}
```

이 리소스의 식별자는 인스턴스라고 볼 수 있으며, 아마도 리팩토링을 하고 있었고 이 이름을 cluster_instance로 바꾸는 것이 더 명확하다고 생각했을 것이다. 하지만 결과는 장애로 직결된다. 테라폼은 각 리소스 식별자인 iam_user 리소스를 아마존 웹 서비스 IAM 사용자 ID 또는 aws_instance 리소스와 아마존 웹 서비스 EC2 인스턴스 ID를 연결하는 것과 같이 클라우드 공급자의 식별자와 연결한다. aws_security_group 식별자를 instance에서 cluster_instance로 변경하는 것과 같이 리소스 식별자를 변경하면 테라폼이 알고 있는 이전 리소스를 완전히 삭제하고 새로 추가한다.

결과적으로 이러한 변경 사항을 적용하면 테라폼은 이전 보안 그룹을 삭제하고 새 보안 그룹을 만들고 그사이에 서버는 모든 네트워크 트래픽을 받지 못한다.

여기서 생각해야 할 4가지 주요한 교훈이 있다.

항상 plan 명령어를 사용한다

계획 명령을 실행하고 출력을 주의 깊게 검토하여 테라폼이 삭제하면 안 될 리소스를 삭제하려 할 때 미리 방지할 수 있다.

삭제 전에 생성한다

리소스를 교체하려면 원본을 삭제하기 전에 신규 리소스를 생성할지 신중히 생각해야 한다. create_before_destroy를 사용하여 삭제 전에 리소스를 항상 생성하거나 다음과 같은 두 단계를 수동으로 수행해도 된다. 먼저 구성에 신규 리소스를 추가하고 apply 명령을 실행한다. 그리고, 구성에서 이전 리소스를 제거하고 apply 명령을 다시 실행한다.

모든 식별자는 불변하다

각 리소스와 연관시키는 식별자를 불변으로 취급해야 한다. 식별자를 변경하면 테라폼은 이전 리소스를 삭제하고 신규 리소스를 작성하여 대체하므로 절대적으로 필요한 경우를 제외하고는 식별자의 이름을 변경하지 않는다. 심지어는 plan 명령을 사용하고 삭제 전에 생성하는 전략을 사용하는 게 더 나은지 검토해야 한다.

일부 변수는 불변하다

대부분의 리소스 매개변수는 변경 불가능하므로 변경하면 테라폼은 이전 리소스를 삭제하고 새로운 리소스를 작성하여 대체해야 한다. 각 리소스에 대한 문서는 종종 매개변수를 변경하면 어떤 일이 발생하는지를 알려준다. 그리고 다시 한번 plan 명령을 사용하고, 삭제 전에 생성하는 전략을 어떻게 사용해야 하는지 고려해야 한다.

강력한 일관성과 최종 일관성

아마존 웹 서비스와 같은 일부 클라우드 공급자는 최종 일관성(eventual consistency)을 보장하는 비동기식 API를 제공한다. 요청 처리가 아직 완료되지 않았더라도 즉시 응답을 받을 수 있다. 결국, **최종 일관성**을 유지한다는 것은 변경 사항이 전체 시스템에 전파되는 데 시간이 걸리므로 일부 데이터 저장소 복제본이 API 호출에 응답하는 경우 당분간 일관성이 없는 응답을 받을 수 있음을 의미한다. 예를 들어, EC2 인스턴스를 만들도록 아마존 웹 서비스에 요청하는 API 호출을 한다고 가정해 보았을 때 API는 EC2 인스턴스 생성이 완료될 때까지 기다리지 않고 어느 정도 즉각적으로 '성공'(즉, 생성됨) 응답을 반환한다. 해당 EC2 인스턴스에 즉시 연결하고자 하면 아마존 웹 서비스가 여전히 프로비저닝 중이거나 아직 인스턴스가 부팅되지 않았으므로 실패할 가능성이 매우 크다. 또한, EC2 인스턴스에 대한 정보를 가져오기 위해 다른 API 호출을 만들면 반환할 오류(404 찾을 수 없음)가 표시될 수 있다. 이유는 EC2 인스턴스에 대한 정보가 아마존 웹 서비스 전체에 전파될 수 있고, 모든 곳에서 접근할 수 있게 되기까지 몇 초가 소요되기 때문이다.

실제로 최종 일관성을 보장하는 비동기 API를 사용하면 요청으로 생성된 리소스의 일관성이 강력하게 보장되지 않기 때문에 그 작업이 완료되고 전파될 때까지 잠시 기다렸다가 다시 시도해야 할 수도 있다. 최신 테라폼 버전에서는 몇 가지 알려진 문제(https://github.com/hashicorp/terraform/issues/5335, https://github.com/hashicorp/terraform/issues/5185)가 수정되었으며, 만약 일관성 문제가 발생하더라도 큰 문제는 되지 않는다.

이 결함은 다행스럽게도 큰 문제가 되지 않는다. 테라폼을 재실행한 경우 모든 정보가 정상적으로 작동하며, 재실행할 때까지는 정보가 시스템 전체에 전파되지 않았기 때문이다.

또한, 테라폼을 실행 중인 곳이 지리적으로 사용하는 공급자와 멀리 떨어져 있으면 일관성 버그가 발생할 가능성이 더 커진다. 예를 들어, 캘리포니아의 작업 공간에서 테라폼을 실행 중이고 아일랜드에서 수천 마일 떨어진 아마존 웹 서비스 지역 eu-west-1에 코드를 배포하는 경우 최종 일관성 결함이 더 많이 표시된다. 테라폼의 API 호출이 로컬 아마존 웹 서비스 데이터 센터(예: 캘리포니아에 있는 us-west-1)로 전달되고, 다른 데이터 센터에는 실제 변경 사항은 발생해도 해당 데이터 센터의 복제본이 업데이트되는 데 시간이 오래 걸리기 때문이다.

결론

테라폼은 선언적 언어지만, 4장에서 살펴본 변수 및 모듈, count, create_before_destroy, 이번 장에서 보았던 채움 참조 함수와 같은 유연성과 표현의 많은 도구가 포함되어 있어 다양한 기능을 사용할 수 있다.

이 장에서 나오는 if 문에 대해 많은 활용법이 있으므로 채움 참조 문서(https://www.terraform.io/docs/configuration/interpolation.html)를 읽고 더 다양한 활용법을 생각해 보자. 어쩌면 누군가를 통해 여전히 코드를 관리해야 할 수도 있지만, 사용자에게 간결하고 아름다운 API를 만들어 줄 충분한 기회가 있다.

다음 장은 테라폼을 팀에서 사용하는 방법이 초점이 될 것이다. 사용할 수 있는 작업 절차, 환경 관리 방법, 테라폼 구성을 테스트하는 방법 등을 설명한다.

6

테라폼을 팀에서 사용하기

팀이 모든 인프라를 손으로 관리하는 데 익숙한 상황에서 코드형 인프라 형태로 바꾸려면 새로운 도구나 기술을 도입하는 것 이상이 필요하다. 이것은 팀의 문화와 프로세스 변경까지 포함한다. 특히 팀에서 인프라에 직접 접속하여 변경(예: SSH로 서버에 접속하여 명령 실행)하는 방식에서 간접적으로(예: 테라폼 코드를 업데이트하여) 변경하는 방식으로 전환하고 모든 실제 작업을 자동화로 수행하는 절차로 변경하는 사고방식을 가져야 한다. 처음에는 팀 구성원들이 새로운 언어를 배우면서 새로운 기술과 프로세스가 수년간 수동으로 서버에 접속하는 것보다 느리고 복잡하다고 생각할 수 있으며, 전환에 대해 불편해할 수 있다. 그러나 학습에 대한 이러한 선행 투자는 다양한 이점을 준다. 실제로 몇 대 서버의 경우 수작업이 더 쉽고 빠를 수 있지만, 일단 수십, 수백 또는 수천 개의 서버가 있으면 적절한 IaC 프로세스가 작동하는 것이 유일한 방법이다.

이 장에서는 다음과 같이 IaC를 팀에 적용하는 데 필요한 주요 프로세스에 대해 하나씩 살펴본다.

- 버전 관리
- 검증 자동화
- 코드 작성 지침
- 워크플로

예제 코드

이 책의 모든 예제 코드는 다음 URL에서 확인할 수 있다. https://github.com/stitchlabio/
terraform-up-and-running-code

버전 관리

모든 코드는 버전을 관리해야 하며, 예외는 없다. 조엘 스폴스키가 정의한 유명한 조엘 테스트(더 좋은 코드를 위한 12가지 방법, http://bit.ly/2meqAb7)의 첫 번째 항목이다. 그 이후로 변경된 유일한 사항은 (a) 깃허브와 같은 도구를 통해 이전에 비해서 버전 관리를 사용하는 것이 매우 편해졌으며, (b) 점점 더 많은 것을 코드로 표현할 수 있다. 여기에는 문서(예: 마크다운으로 작성된 README 파일), 응용 프로그램 구성(예: YAML로 작성된 구성 파일), 사양(예: RSpec으로 작성된 테스트 코드), 테스트 방법(예: JUnit으로 작성된 자동화된 테스트), 데이터베이스(예: 액티브 레코드로 작성된 스키마 마이그레이션), 그리고 당연히 인프라의 정보와 상태가 정의된 코드가 포함된다.

인프라를 정의하는 코드를 버전 관리에 저장해야 할 뿐만 아니라 최소한 두 개의 별도 버전 관리 저장소(모듈 및 라이브 인프라)가 필요하다.

모듈 저장소

4장에서 논의하였듯, 팀은 버전화되고 재사용 가능한 모듈을 정의하는 하나 이상의 개별 저장소를 가져야 한다. 각 모듈은 인프라의 특정 부분을 정의하는 '청사진'으로 생각해야 하며, 이것의 장점은 **모듈** 저장소 내 인프라 구조에 대한 재사용 가능한 모범 사례 정의를 만드는 전문적인 인프라팀이 있을 수 있다는 것이다. 예를 들어, 인프라팀은 이 책에서 개발한 웹 서버 클러스터 모듈을 가져와 회사의 모든 사람이 마이크로서비스를 실행할 수 있는 정식 모듈로 바꿀 수 있다. 이 모듈은 배포, 확장, 로드 밸런싱, 모니터링, 경고 등의 모든 세부 사항을 처리하므로 다른 모든 개발팀은 인프라팀의 병목 현상 없이 모듈을 가져와서 자체 마이크로서비스를 독립적으로 만들고 관리할 수 있다.

상용 환경을 위한 저장소

각 환경(stage, prod, mgmt 등)에서 실행 중인 실제 인프라를 정의하는 별도의 저장소가 있어야 한다. 이것을 모듈 저장소의 '청사진'으로 만든 '집'으로 생각해 보자. 예를 들어, 개발팀이 마이크로서비스 모듈을 사용하여 각각에 대해 서로 다른 설정으로 검색 및 프로필 마이크로 서버를 배포하는 방법은 다음과 같다.

```
module "search_service" {
  source = "../../../../modules/services/webserver-cluster"

  ami         = "${data.aws_ami.ubuntu.id}"
  server_text = "Hello from search"

  cluster_name          = "search-service-prod"
  db_remote_state_bucket = "(생성한 버킷 이름)"
  db_remote_state_key    = "prod/data-stores/mysql/terraform.tfstate"

  instance_type = "x1.16xlarge"
  min_size      = 4
  max_size      = 4

  enable_autoscaling = false
}
module "profile_service" {
  source = "../../../../modules/services/webserver-cluster"

  ami         = "${data.aws_ami.ubuntu.id}"
  server_text = "Hello from profile"

  cluster_name          = "profile-service-prod"
  db_remote_state_bucket = "(생성한 버킷 이름)"
  db_remote_state_key    = "prod/data-stores/mysql/terraform.tfstate"

  instance_type = "m4.large"
  min_size      = 12
  max_size      = 40

  enable_autoscaling = true
}
```

모든 사람이 같은 '정식' 모듈을 사용하고 있고, 모듈이 버전화 되어 있으므로(이 모듈은 별도의 저장소에 정의되어 있으므로 가능) 인프라팀은 회사 및 마이크로서비스의 모든 것이 일관되게 유지 보수가 가능하다. 테라폼으로 황금율을 따른다면 보다 정확하게 유지 관리가 가능하다.

테라폼의 황금 법칙

상용 저장소를 보고 인프라를 추론할 수 있어야 하며, 저장소의 코드를 검사하고 배포된 내용을 정확하게 이해할 수 있으면 인프라를 쉽게 유지 관리할 수 있다. 웹 콘솔로 점검하거나 개발자가 수행할 작업이나 수행한 작업을 개발자에게 의존하여 기억한다면 관리가 훨씬 어려워진다. 다음이 테라폼의 황금 법칙을 요약한 하나의 문장이다.

상용 저장소의 master 브랜치는 실제로 상용 환경에 배치된 것을 1:1로 표현해야 한다.

이 문장을 하나씩 분석해 보자.

'실제로 ~ 배치된'

상용 저장소의 테라폼 코드와 실제 배포된 내용을 최신 상태로 유지할 수 있는 유일한 방법은 테라폼 이외의 방법으로 **절대 변경하지 않는 것이다.** 테라폼 사용을 시작한 후에는 웹 UI, 수동 API 호출 또는 기타 메커니즘을 통해 변경하면 안 된다. 5장에서 보았듯이 외부 요소를 통한 변경은 복잡한 버그를 유발할 뿐만 아니라 처음에는 인프라로 코드를 사용하여 얻을 수 있는 많은 이점을 무효로 만든다.

'1:1로 표현'

배포한 모든 리소스는 라이브 저장소에도 상응하는 코드가 있어야 한다. 이것은 명백하게 보일지도 모르지만, 테라폼 초보자는 같은 테라폼 구성 세트를 '재사용하여' 많은 리소스를 배치하려고 할 수 있다. 예를 들어, 서버를 배포하기 위해 단일 구성 파일 집합을 정의한 다음 같은 구성 파일 집합에서 terraform apply를 10번 실행하여 10개의 서버를 만든다. 그리고 다른 상태 파일을 사용하도록 구성하고 다른 파일을 전달하도록 할 수 있으며, 매개변수는 매번 -var 옵션을 통해 전달한다. 이렇게 하면 테라폼 코드를 읽은 후 테라폼을 한 번 또는 10번 적용했는지를 나타내는 코드가 없으므로 실제로 배포된 내용을 알 수 없다. 재사용성을 높이는 더 좋은 방법은 모듈을 만들고, 그 모듈을 10번 사용하는 명시적 코드를 작성하고, terraform apply를 한 번 실행하는 것이다. 또는, 같은 구성 세트를 반복해서 사용할 수 있지만, 고유한 변수와 원격 상태 구성을 파일에 저장해야 한다. 자세한 내용은 188 페이지의 '대규모 팀을 위한 배포 파이프라인'을 참조하도록 한다.

'master 브랜치'

상용 환경에 실제로 배포된 내용은 단일 브랜치로 설명이 되어야 하며, 일반적으로 해당 지점은 master 브랜치여야 한다. 즉, 상용 환경에 영향을 주는 모든 변경 사항은 master 브랜치에 직접 등록되어야 한다(별도의 브랜치를 만들 수 있지만, 해당 브랜치를 master로 병합하려는 의도로 pull request만 생성할 수 있다). 상용 환경은 master 브랜치에 대해서만 terraform apply를 수행해야 한다.

검증 자동화

인프라를 수동으로 관리할 때나 변경을 수행할 때마다 두려움과 불확실성이 있다. 그 변화가 어떤 영향을 미치는지, 또는 그것이 당신이 기대하는 대로 작동할지 정확히 알 수 없다. 또한, 모든 환경의 서버에서 같은 방식으로 변경 사항을 적용했는지 역시 확실하지 않다. 다른 장애가 발생할지 확실하지 않으며, 있으면 밤늦게까지 해결해야 한다. 기업이 성장함에 따라 점점 더 위험에 처해 있으며, 수동 배포 프로세스가 더욱더 무섭고 오류가 발생하기 쉽다. 많은 기업이 배포 빈도를 줄여서 위험을 없애기 위해 노력하지만, 결과적으로 배포는 더 많아지고 실제로 문제가 발생할 가능성이 커진다.

코드를 통해 인프라를 관리하는 경우 위험을 완화하는 더 나은 방법으로 테스트 자동화가 있다. 아이디어는 인프라 코드가 예상대로 작동하는지 확인하는 코드를 작성하는 것이다. 모든 커밋 후에 테스트를 실행하고 실패한 커밋을 되돌려야 한다. 이렇게 하면 코드 베이스에 적용되는 모든 변경 사항이 작동하고 대부분 문제는 배포 시가 아닌 빌드 시에 발견된다.

테라폼 구성에 자동화된 테스트는 어떻게 작성하는가? 다음의 3단계가 있다.

- 코드 준비하기
- 테스트 코드 작성하기
- 여러 유형의 자동화된 테스트 사용

코드 준비하기

테라폼 코드 검증의 한계점 중 하나는 테라폼 설정들은 공급자의 API 호출(예: 아마존 웹 서비스에 대한 API 호출)을 쉽게 하기 위한 언어일 뿐이라는 것이다. 범용 프로그래밍 언어에 대한 자동화된 테스트를 사용하면 아마존 웹 서비스와 같은 복잡한 종속성을 API로 구현하여 **테스트 더블(test double)**로 대체할 수 있지만, 하드 코딩된 데이터를 반환한다. 테라폼의 자동화된 테스트에서는 이 기술은 그다지 유용하지 않으며, 우리의 목적은 복잡한 의존성(예:

아마존 웹 서비스)과의 상호 작용이 정확하게 동작하는지 검증하는 것이다.

따라서 테라폼에 대한 대부분의 자동화 테스트는 단순히 테라폼 적용을 실행한 다음 배포된 리소스가 예상대로 작동하는지 확인하는 정도다. 즉, 자동화된 인프라 테스트의 실행 속도가 약간 느리고 다른 유형의 자동화 테스트보다 취약할 수밖에 없다. 하지만 상용 환경에서 발생할 문제를 확인하고 모든 인프라 변경 내용의 유효성 검사를 하는 것은 피할 수 없다.

예를 들어, 5장에서 다음과 같이 프로덕션 환경에 웹 서버 클러스터를 배포하였다.

```
provider "aws" {
  region = "us-east-1"
}

module "webserver_cluster" {
  source = "../../../../modules/services/webserver-cluster"

  ami         = "ami-40d28157"
  server_text = "Hello, World"

  cluster_name            = "webservers-prod"
  db_remote_state_bucket = "(생성한 버킷 이름)"
  db_remote_state_key     = "prod/data-stores/mysql/terraform.tfstate"

  instance_type      = "m4.large"
  min_size           = 2
  max_size           = 10
  enable_autoscaling = true
}
```

이 클러스터가 작동하는지 확인하는 자동화된 테스트를 어떻게 작성할 수 있는가? 이상적으로 클러스터를 격리된 환경에 배포하고 ELB URL에 접근하여 예상한 텍스트를 반환하는지 테스트한다. 하지만 테라폼 코드에 직접 적용되는 자동 테스트를 작성하면 문제가 발생한다. 이 코드는 상용 환경에 배포되도록 설계되었으므로 자동화된 테스트가 실제 환경에서 실행되면 문제가 발생할 수 있다.

이러한 문제를 해결하기 위해 다음 매개변수를 변경할 수 있도록 설정하여 격리된 테스트 환경에 테라폼 구성을 배포할 수 있어야 한다.

region

아마존 웹 서비스 공급자는 us-east-1 지역에 하드 코딩되어 있다. 상용 환경을 위한 코드를 실행하는 것과 같은 지역에 임의의 테스트 코드를 실행하는 것은 위험할 수 있으므로 상용 환경에 절대 영향을 주지 않는 다른 지역을 선택하도록 변수 처리해야 한다.[1]

cluster_name

cluster_name 매개변수는 'webservers-prod'로 하드 코딩되어 있다. 이 cluster_name 매개변수는 ELB 및 보안 그룹의 이름을 포함하여 webserver-cluster 모듈에 의해 생성된 모든 리소스의 이름으로 사용되는 변수다. 문제는 이러한 이름이 고유해야 한다는 것이다. 다른 사람이 같은 지역(예: 같은 테스트를 동시에 실행하는 팀의 다른 개발자)에 같은 웹 서버 클러스터를 배포할 경우 오류가 발생한다.

db_remote_state_key

db_remote_state_key는 상용 데이터베이스의 상태 파일 prod/data-stores/mysql/terraform.tfstate에 하드 코딩되며, 이 부분은 자동화된 테스트를 실행하고 싶지 않으므로 테스트 시점에만 변경하는 방법이 필요하다.

따라서 테라폼 코드를 테스트할 수 있게 하는 첫 번째 방법은 환경의 다양한 부분을 플러그 형태로 만드는 것이다. 이미 이 방법에 대해 알고 있으며, 정답은 입력 변수를 사용하는 것이다. 먼저 웹 서버 클러스터 모듈을 업데이트한다. **modules/services/webserver-cluster/vars.tf**을 열고 아마존 웹 서비스 지역에 대한 새로운 입력 변수를 추가한다.

```
variable "aws_region" {
  description = "The AWS region to use"
}
```

modules/services/webserver-cluster/main.tf에서 새로운 aws_region 입력 변수를 사용하여 terraform_remote_state 데이터 소스의 region 매개변수를 구성한다.

```
data "terraform_remote_state" "db" {
  backend = "s3"

  config {
    bucket = "${var.db_remote_state_bucket}"
```

---

1 독립된 지역뿐만 아니라 해당 지역 내의 가상 사설 클라우드(VPC)도 테스트할 수 있다. 이 책의 모든 코드는 예제를 단순하게 유지하기 위해 기본 VPC를 사용하지만, 실제 사용 사례에서는 스테이징, 상용 및 테스트를 위해 VPC를 명시적으로 지정하고 세 가지 모두가 서로 완전히 격리되도록 해야 한다.

```
    key    = "${var.db_remote_state_key}"
    region = "${var.aws_region}"
  }
}
```

다음으로 상용 구성으로 돌아가서 **live/prod/services/webserver-cluster/vars.tf**에 4개의 새로운 입력 변수를 추가한다(스테이징 환경에서도 비슷한 변경 사항을 적용해야 한다).

```
variable "aws_region" {
  description = "The AWS region to use"
  default     = "us-east-1"
}

variable "cluster_name" {
  description = "The name to use for all the cluster resources"
  default     = "webservers-prod"
}

variable "db_remote_state_bucket" {
  description = "The S3 bucket used for the database's remote state"
  default     = "(생성한 버킷 이름)"
}

variable "db_remote_state_key" {
  description = "The path for the database's remote state in S3"
  default     = "prod/data-stores/mysql/terraform.tfstate"
}
```

이제 아마존 웹 서비스 지역을 구성할 수 있으며, AMI ID는 지역마다 다르므로 AMI를 지정하는 방법도 업데이트해야 한다. 현재 ami 매개변수는 us-east-1의 Ubuntu AMI ID에 하드 코딩되어 있으며, 다른 지역의 AMI ID는 완전히 다르다. 각 지역에 맞는 AMI를 찾으려면 아마존 웹 서비스 Marketplace에서 특정 AMI를 검색하고 필터링할 수 있는 aws_ami 데이터 소스를 사용하면 된다. 예를 들어, 가장 최근에 캐노니컬(Canonical)에서 제공한 Ubuntu 16.04 AMI를 찾는 방법은 다음과 같다.

```
data "aws_ami" "ubuntu" {
  most_recent = true
  owners      = ["099720109477"] # Canonical

  filter {
    name   = "virtualization-type"
    values = ["hvm"]
```

```
  }

  filter {
    name   = "architecture"
    values = ["x86_64"]
  }

  filter {
    name   = "image-type"
    values = ["machine"]
  }

  filter {
    name   = "name"
    values = ["ubuntu/images/hvm-ssd/ubuntu-xenial-16.04-amd64-server-*"]
  }
}
```

live/prod/services/webserver-cluster/main.tf에서 webserver-cluster 모듈에 대한 매개변수로 aws_ami 데이터 소스의 id 출력 속성과 새로운 입력 변수를 전달한다.

```
module "webserver_cluster" {
  source = "../../../../modules/services/webserver-cluster"

  ami         = "${data.aws_ami.ubuntu.id}"
  server_text = "Hello, World"

  aws_region            = "${var.aws_region}"
  cluster_name          = "${var.cluster_name}"
  db_remote_state_bucket = "${var.db_remote_state_bucket}"
  db_remote_state_key    = "${var.db_remote_state_key}"

  instance_type     = "m4.large"
  min_size          = 2
  max_size          = 10
  enable_autoscaling = true
}
```

또한, 같은 파일에서 aws_region 입력 변수를 사용하도록 공급자를 업데이트하는 것을 잊지 않도록 한다.

```
provider "aws" {
  region = "${var.aws_region}"
}
```

새 입력 변수의 기본 매개변수가 하드 코딩된 원래 값과 같게 설정하여 클러스터의 동작이 이전과 완전히 같게 유지되는지 확인해야 한다. 그러나 테스트 시간과 같이 이 값을 무시할 필요가 있는 경우 이들을 변수로 표시할 수 있다. 사실, 이러한 변화의 대부분은 코드를 보다 유연하고 강력하게 만들 수 있다.

예를 들어, 이제 us-east-1뿐 아니라 모든 아마존 웹 서비스 지역에 웹 서버 클러스터를 배포할 수 있으며, 최신의 보안 패치가 적용된 우분투 16.04 릴리스를 버전으로 사용할 수 있다. 이것은 자동화된 테스트의 일반적인 패턴이며, 코드를 더 쉽게 테스트할 수 있게 되면서 코드 전체의 디자인이 향상된다.

테스트 코드 작성하기

이제 테라폼 코드를 준비했으므로 마지막으로 실제 테스트 코드를 작성할 수 있다. 테스트 코드는 다음 단계대로 실행해야 한다.

1. 테스트가 완전히 격리되도록 cluster_name, region 및 db_remote_state_key 값을 전달하여 테라폼 구성을 적용한다. cluster_name 변수의 경우, 테스트가 실행될 때마다 고유 식별자를 생성할 수 있으며,[2] region 변수의 경우, 상용 환경에서 일반적으로 사용하지 않는 지역을 선택하여 테스트에 사용할 수 있다. 또한, db_remote_state_key의 경우, 테스트를 수행할 때마다 모의 데이터베이스를 배치하거나 테스트용으로 전용 데이터베이스를 가질 수 있다.

2. terraform output 명령을 실행하여 elb_dns_name 결과를 검색한다.

3. HTTP 클라이언트를 사용하여 URL http://<elb_dns_name>을 테스트하고 돌아오는 값이 예상한 값인지 확인한다(예: 'Hello, World'). EC2 인스턴스를 부팅하고 ELB에 등록하려면 1~2분 정도 걸릴 수 있으므로 HTTP 요청을 여러 번 다시 시도해야 한다.

4. 테스트가 완료되면 terraform destroy를 실행하여 모든 리소스를 정리한다.

다음은 이 모든 단계를 구현한 간단한 루비 스크립트다.

---

2 아마존 웹 서비스 식별자에 대해 충돌을 피하면서 짧고 고유한 영·숫자 문자열을 생성하는 방법의 예는 다음을 참조한다.
http://stackoverflow.com/a/9543797/483528

```
require 'net/http'

if ARGV.length != 3
  raise 'Invalid args. Usage: terraform-test.rb REGION DB_BUCKET DB_KEY'
end

vars = {
    # A unique (ish) 6-char string: http://stackoverflow.com/a/88341/483528
    :cluster_name => (0...6).map { (65 + rand(26)).chr }.join,
    :aws_region => ARGV[0],
    :db_remote_state_bucket => ARGV[1],
    :db_remote_state_key => ARGV[2],
}
vars_string = vars.map{|key, value| "-var '#{key} = \"#{value}\"'"}.join(', ')

def test_url(url, expected_text, retries)
  retries.times do
    begin
      output = Net::HTTP.get(URI.parse(url))
      puts "Output from #{url}: #{output}"
      return 'Success!' if output.include? expected_text
    rescue => e
      puts "Error from #{url}: #{e}"
  end

  puts 'Sleeping for 30 seconds and trying again'
  sleep 30 end
  raise "Response didn't contain '#{expected_text}' after #{retries} retries"
end

begin
  puts "Deploying code in #{Dir.pwd}"
  puts `terraform get 2>&1`
  puts `terraform apply #{vars_string} 2>&1`

  elb_dns_name = `terraform output -no-color elb_dns_name`
  puts test_url("http://#{elb_dns_name.strip}/", 'Hello, World', 10)
ensure
  puts "Undeploying code in #{Dir.pwd}"
  puts `terraform destroy -force #{vars_string} 2>&1`
end
```

스크립트를 실행하려면 테스트할 지역(예: ap-northeast-2)을 선택하고, 임시 데이터베이스를 배포한다. 그리고 S3 버킷 이름과 데이터베이스의 원격 상태에 사용되는 키(예: my-terraform-state 및 test/data-stores/mysql/terraform.tfstate)를 실행한 후 다음과 같이 실행한다.

```
> cd live/prod/services/webserver-cluster
> ruby terraform-test.rb \
    eu-west-1 \
    my-terraform-state \
    test/data-stores/mysql/terraform.tfstate
```

루비 스크립트는 단지 예제일 뿐이며, 더욱 좋은 스크립트를 만들기 위해서는 상당한 양의 작업이 필요하다. 좋아하는 프로그래밍 언어를 선택하고 그 위에 간단한 **도메인 특정 언어**(DSL)를 작성하여 자동화된 테스트 작성을 위한 재사용 가능한 기본 요소를 함께 제공하는 것이 좋다. 이 DSL에는 테라폼 명령(예: 적용, 출력, 삭제) 실행, HTTP 엔드포인트 확인 및 SSH를 통한 서버 연결과 같은 일반적인 테스트 작업을 위한 지원 기능이 포함될 수 있다. 또한, kitchen-terraform(https://github.com/newcontext-oss/kitchen-terraform) 및 server-spec(http://serverspec.org/)과 같은 기존 인프라 테스트 도구를 편리하게 사용할 수 있다.

검증 자동화 유형

단위 테스트, 통합 테스트 및 기초 안정성(smoke) 테스트를 포함하여 테라폼 코드에 대한 여러 가지 유형의 검증 자동화 방법이 있다. 다음 세 가지 검증 방법은 서로 다른 유형의 버그를 방지하는 데 도움이 되므로 모두 사용하는 것을 권한다.

단위 테스트

단위 테스트는 코드 단위의 기능을 검증한다. 단위의 정의는 다양하지만, 일반적으로 대중적인 프로그래밍 언어에서는 단일 함수 또는 클래스다. 테라폼에서는 모듈 테스트를 통해 단위 테스트를 수행한다. 예를 들어, 데이터베이스 배포에 대한 모듈을 누군가가 수정하는 경우, 해당 모듈을 성공적으로 실행할 수 있는지, terraform apply를 실행한 후 데이터베이스가 성공적으로 부팅되는지, 접속과 데이터 저장이 정상적으로 이루어지는지 확인해야 한다.

통합 테스트

통합 테스트는 여러 단위의 묶음이 올바르게 작동하는지 확인하는 방법이다. 일반적인 프로그래밍 언어에서는 여러 함수나 클래스가 올바르게 작동하는지 검증할 수 있다. 테라폼에서는 여러 모듈이 함께 정상적으로 작동하는지 확인한다. 예를 들어, 데이터베이스를 생성하는 모듈, 웹 서버 클러스터를 만드는 모듈, 로드 밸런서를 배포하는 세 번째 모듈을 결합한 코드가 '라이브' 저장소에 있다고 가정해 보자. 모든 코드 커밋에 대해 terraform apply가 문제없이 수행되고, 웹 클러스터, 데이터베이스, 로드 밸런서가 정상적으로 배포되는지에 대해 검증을 하기 위해 이 저장소에 통합 테스트를 적용할 필요가 있다. 통합 테스트로 배포된 로드 밸런서를 통해 웹 서버에 연결된 데이터베이스로부터 데이터를 정상적으로 읽어 온다면 성공한 것이다.

기초 안정성 테스트

기초 안정성 테스트는 각 커밋 이후가 아닌 배포 프로세스의 일부로 실행한다. 일반적으로 스테이징과 상용 환경에서 기능이 배포된 다음, 예상한 대로 코드가 정상적으로 수행이 되는지 정밀 검사를 수행한다. 예를 들어, 앱이 배포되기 시작될 때 빠르게 안정성 테스트를 실행하여 데이터베이스와 통신하고 HTTP 요청을 수신할 수 있는지 확인하며, 이러한 검사 중 하나라도 실패하면 서비스에 문제가 발생하기 전에 전체 앱 배포를 중단할 수 있다.

코드 작성 지침

작성하는 코드의 유형과 관계없이 팀으로 코드를 작성할 때마다 모든 사람이 따라야 할 지침을 정의해야 한다. 선호하는 '클린 코드'의 정의 중 하나는 'Hello, Startup'(http://www.hello-startup.net)에서 닉 델마마기어와의 인터뷰에서 나온 것이다.

> 코드 검토를 통해 이 작업을 수행할 수 있고, 작성 가이드, 패턴, 단어 규칙 등을 공유해야 한다. 이를 통해 모든 사람이 같은 방식으로 코드를 작성할 수 있기 때문에 생산성이 매우 향상된다.
>
> — 닉 델마마기어, 코세라 인프라스트럭처 리드

팀마다 의미 있는 코딩 가이드라인이 달라지므로 여기서 고려해야 할 몇 가지 주요 가이드라인과 각각에 대해 수행할 수 있는 몇 가지 예를 언급한다.

- 문서
- 파일 레이아웃
- 스타일 가이드

문서

어떤 면에서 테라폼 코드는 그 자체로 문서의 한 형태이다. 간단한 언어로 배포한 인프라와 인프라 구성 방법을 정확하게 설명하고 있으나 자체 문서화 코드는 없다. 잘 쓰인 코드는 **어떤** 기능을 하는지 알려주지만, 내가 알고 있는 프로그래밍 언어(테라폼 포함)는 **왜** 그렇게 하는지 설명하지 않는다. 이것이 IaC를 포함한 모든 소프트웨어가 코드 자체를 넘어서는 문서화가 필요한 이유다. 다음과 같은 몇 가지 유형의 문서를 고려할 수 있다.

정의된 문서

대부분의 테라폼 모듈에는 모듈의 용도, 사용 이유, 사용 방법 및 수정 방법을 설명하는 Readme가 있어야 한다. 사실, 실제 테라폼 코드보다 먼저 Readme를 작성하는 것이 좋다. 그러면 코드 작성을 고려하기 전에 **무엇을** 빌드하려는지와 빌드하려는 **이유**를 고려해야 한다.[3] 이것을 작성하는 데 약간에 시간이 걸리더라도 나중에 코드 작성 시간을 줄이고 잘못된 문제를 원활하게 해결할 수 있다. 또한, 약간의 시간을 투자해 작성해 놓으면 오류를 최소화하고 코드 작성 시간을 절약할 수 있다. Readme의 기본 정보 외에도 튜토리얼, API 문서, 위키 페이지 및 코드가 어떻게 작동하는지, 그리고 왜 이렇게 작성되었는지에 대해 자세히 설명하는 디자인 문서가 필요할 수 있다.

코드화된 문서

코드 자체 내에서 주석을 문서 형식으로 사용할 수 있다. 테라폼은 해시(#)로 시작하는 모든 텍스트를 주석으로 처리한다. 하지만 코드가 하는 일을 설명하기 위해 주석을 사용하지 말아야 한다. 코드 자체가 그 일을 해야 한다. 코드의 사용 방법이나 코드가 특정 디자인 선택을 사용하는 이유와 같이 코드에서 표현할 수 없는 정보를 제공하는 주석만 포함해야 한다. 테라폼을 사용하면 모든 입력 변수가 설명 매개변수를 선언할 수 있으며, 설명 매개변수는 해당 변수의 사용 방법을 설명하는 데 적합하다.

예제 코드

테라폼 모듈을 만들 때 해당 모듈의 사용 방법을 보여주는 예제 코드를 만들 수 있다. 이것은 올바른 사용법 패턴을 강조하는 훌륭한 방법이자 사용자가 코드를 작성하지 않고도 모듈을 사용하는 방법이며, 예제 코드를 통해 자동화된 테스트를 추가하기에 좋은 방법이다.

---

3 개발 시에 Readme를 가장 첫 번째 중요 항목으로 정의하는 것은 Readme Driven Development라고도 부른다(http://bit.ly/1p8QBor).

파일 레이아웃

팀은 테라폼 코드가 저장되는 위치와 사용하는 파일 레이아웃에 대한 규칙을 정의해야 한다. 테라폼 파일 레이아웃 또한 테라폼 상태가 저장되는 방식을 결정하기 때문에 파일 레이아웃이 안정성에 영향을 미치는지 확인해야 한다(예: 스테이징 환경의 변경이 실수로 상용 환경에 문제를 일으킬 수 없도록 하는 등).

다른 환경(예: 스테이징과 상용)과 다양한 구성 요소(예: 전체 환경의 네트워크 형상 및 그중 하나의 응용 프로그램) 간에 격리를 제공하는 권장 파일 레이아웃을 보려면 84 페이지의 '파일 레이아웃'을 확인하면 된다.

큰 팀의 경우, 188 페이지의 '대규모 팀을 위한 개발 파이프라인'과 같은 이 장 뒷부분에 설명하는 파일 레이아웃을 선호할 수 있다. 모듈은 재사용 가능한 코드를 나타내며, 직접 배치되지 않기 때문에 모듈의 파일 레이아웃이 보다 유연하다. 그림 6-1은 문서, 예제 및 검증 코드가 포함된 모듈의 예제 파일 레이아웃을 보여준다.

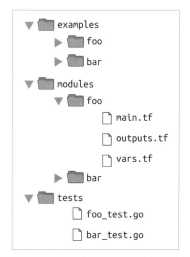

그림 6-1 테라폼 모듈의 예제 파일 레이아웃

스타일 가이드

모든 팀은 공백, 줄 바꿈, 들여쓰기, 중괄호, 변수 명명 등을 포함하여 코드 스타일에 대한 규칙을 정해야 한다. 프로그래머들은 공백 vs 탭과 중괄호가 어디로 가야 하는지를 논쟁하기 좋아하지만, 실제 선택은 그다지 중요하지 않다. 정말 중요한 점은 코드 베이스 전체에서 일관성을 유지해야 한다는 것이다. 서식 도구는 대부분의 텍스트 편집기 및 IDE에서 사용할 수 있으며,

일반적인 코드 레이아웃을 적용하는 데 도움이 되는 버전 제어 시스템의 커밋 훅(commit hook) 으로 사용할 수도 있다.

테라폼은 심지어 코드를 일관된 스타일로 자동 재포맷할 수 있는 fmt 명령을 내장하고 있다.

```
> terraform fmt
```

커밋 훅의 일부로 이 명령을 실행하여 버전 제어에 필요한 모든 코드가 자동으로 일관된 스타일을 갖도록 할 수 있다.

워크플로

이제 테라폼 코드를 작성, 테스트 및 버전을 지정하는 방법에 대한 지침을 얻었으므로 마지막으로 필요한 것은 해당 코드를 변경하기 위한 작업 절차다. 대부분의 팀에서 권장하는 절차는 다음과 같이 구성된다.

1. 계획
2. 스테이징 검증
3. 코드 리뷰
4. 상용 적용

계획

terraform plan 명령을 사용하면 실제로 변경 사항을 적용하기 전에 테라폼이 어떤 변경을 수행하는지 확인할 수 있으며, 규칙은 간단하다.

적용하기 전에 항상 계획을 실행한다.

이 명령을 실행하고 'diff'를 검색하여 출력으로 가져오는 데 30초가 걸리므로 발생할 수 있는 오류 유형에 놀랄 수도 있으며, plan 명령을 사용하여 diff 출력을 파일에 저장할 수도 있다.

```
> terraform plan -out=example.plan
```

그런 다음 저장된 계획 파일에 적용 명령을 실행하여 원래 변경 내용을 정확히 적용했는지 확인할 수 있다.

```
> terraform apply example.plan
```

테라폼 상태와 마찬가지로 저장된 계획 파일에는 민감한 정보가 포함되어 있을 수 있다. 예를 들어, 테라폼을 사용하여 데이터베이스를 배포하는 경우 계획 파일에 데이터베이스 암호가 포함될 수 있다. 계획 파일은 암호화되지 않으므로 원하는 시점에 저장하려면 자체 암호화를 제공해야 한다. 이렇게 계획을 세우고 나면 다음 단계는 스테이징에 적용하는 것이다.

스테이징 검증

모든 팀이 적어도 두 가지 환경을 유지할 것을 권장한다.

상용

　　실제 서비스 워크로드가 발생하는 환경(예: 사용자용 앱)

스테이징

　　서비스 워크로드가 발생하지 않는 환경(예: 테스트)

일반적으로 스테이징은 비용을 절약하기 위해 축소된 경우를 제외하고는 상용의 정확한 복제본이어야 한다(즉, 서버 수가 적고 각 서버에 더 작은 크기).

여기에 있는 규칙도 간단하다.

> **테라폼의 변경 사항은 상용 환경 적용 전에 항상 스테이징에서 검증한다.**

테라폼을 사용하면 모든 작업이 자동으로 수행되므로 상용 환경 전에 스테이징 단계를 변경하는 데 큰 노력을 기울일 필요는 없지만, 다양한 오류가 발생함을 염두에 두어야 한다(참고: 여러 팀 구성원이 준비되지 않은 변경을 동시에 테스트하는 경우 어떤 일이 발생하는지 고려해야 한다. 이 장의 뒷부분에서 다시 설명한다).

테라폼은 **오류가 발생하면 변경 사항을 복구하지 않기 때문에** 준비 작업을 테스트하는 것이 특히 중요하다. 테라폼을 적용하고 문제가 발생하면 직접 수정해야 하며, 상용보다 스테이징 단계에서 오류를 발견하면 빠르게 찾을 수 있고 스트레스를 덜 받는다.

변경 사항이 스테이징 단계에서 잘 작동하는 경우 상용 구성에 같은 변경을 하고(아직 적용하면 안 된다), 코드 검토를 제출한다.

코드 리뷰

깃허브를 사용하는 경우 **pull request**을 사용하여 코드 리뷰를 위해 변경 사항을 제출할 수 있다. 다른 버전 제어 시스템의 경우 파브리케이터(Phabricator) 또는 리뷰보드(ReviewBoard)와 같은 다른 코드 검토 도구를 사용해야 할 수도 있으며, 코드 검토에는 다음 내용이 포함되어야 한다.

변경 사항 출력

대부분의 코드 검토 도구에는 자동으로 코드 diff가 포함되어 있어 누구나 검토할 수 있다. 종종 다른 사람이 코드를 볼 것이라는 단순한 인식만으로도 코드를 정리하고 더 많은 문서를 추가하고 더 많은 테스트를 작성할 수 있다. 특히 커밋 전에 자신의 코드를 검토하더라도 버그가 있는 경우가 많으므로 코드 검토를 수행할 가치가 크다.

계획 출력

상용 환경에 대해 계획 명령을 실행하고 코드 검토에 출력되는 diff를 복사/붙여넣기 한다. 그리고 팀에서 이를 검토하고 의심스러운 것으로 표시할 수 있다.

자동화된 테스트 출력

테라폼 구성에 대한 자동화된 테스트를 실행한 경우 이를 실행하고 결과를 코드 검토에 붙여넣는다. Circle CI, Travis CI 또는 Jenkins와 같은 지속적인 통합 도구를 사용하는 경우 모든 커밋 후에 실행되도록 구성하고 테스트 결과를 자동으로 코드 검토에 표시할 수 있다.

팀의 다른 구성원은 코드를 검토하여 이 장의 앞부분의 코딩 지침을 준수하는지 확인해야 한다. 예를 들어, 코드가 올바르게 포맷되었는지, 예제 코드가 있는지, 자동화된 테스트가 있는지, 문서가 업데이트되었는지, 그리고 계획 검토 시 중단 시간 발생이 의심되는지를 확인해 봐야 한다.

모든 것이 이상 없으면 master 브랜치에 코드를 병합하고 상용 환경에 배치할 준비를 한다.

상용 적용

앞의 절차가 완벽하게 수행되고 코드가 마스터에 병합되었다는 것은 상용 환경에 배포해도 안전하다는 의미다. 항상 그렇듯이 적용하기 전에 계획 명령을 실행하고 계획이 준비에서 본 내용과 일치하는지 확인해야 한다. 모든 것이 이상 없는 경우, 적용하면 변경 사항이 실시간으로 표시된다.

이 워크플로는 대부분의 상황에서 동작하지만, 워크플로에 영향을 줄 수 있는 세 가지 요소가 있다.

- 일부 유형의 테라폼 변경 자동화
- 일부 유형의 테라폼 변경으로 인한 충돌(0.9 버전 이하 테라폼 구동 시)
- 대규모 팀을 위한 배포 파이프라인

다음은 이러한 요소에 대해 다룬다.

일부 유형의 테라폼 변경 자동화

앞서 설명한 워크플로는 새로운 인프라를 추가하거나 기존 인프라를 다시 구성하는 것처럼 상대적으로 자주 발생하지 않는 변경 사항에 적합하다. 하지만 테라폼을 사용하여 같은 유형의 인프라를 반복해서 적용하는 경우 프로세스를 자동화할 수 있다. 일반적인 사용 사례는 테라폼을 사용하여 앱의 새 버전을 배포하는 것이다. 예를 들어, EC2 인스턴스를 배포하는 간단한 테라폼 구성이 있다고 가정해 보자.

```
resource "aws_instance" "example" {
  ami           = "${var.version}"
  instance_type = "t2.micro"
}
```

배포할 AMI의 ID는 version이라는 입력 변수를 통해 구성된다.

```
variable "version" {
  description = "The version of the app to deploy"
  default     = "ami-40d28157"
}
```

이 애플리케이션의 새 버전을 배포할 때마다 var.version의 기본 매개 변수를 새 AMI ID로 업데이트하고, terraform apply를 실행해야 한다. 특히 앱의 새 버전을 자주 배포하는 경우(일부 팀은 하루에 수십 번 배포), 일부 변경을 할 때마다 코드 검토를 수행하는 것은 너무 많은 리소스가 소비된다. 이런 반복적이고 기계적인 변경 사항의 검증 단계를 자동으로 수행하는 배포 스크립트를 작성할 수 있다.

1. 라이브 테라폼 저장소를 확인
2. 해당 테라폼 구성 정보에 앱의 버전 번호를 업데이트
3. 커밋 내용을 버전 관리를 통해 복귀
4. terraform apply를 실행

버전 번호를 자동으로 업데이트하기 위해 기본 매개 변수인 var.version을 설정하는 대신 테라폼 구성 파일과 같은 디렉터리에 있는 **terraform.tfvars** 파일에 값을 입력할 수 있다. 테라폼과 같은 HCL 구문을 사용하므로 변숫값을 지정하기 위해 여러 개의 key-value 쌍을 제공하면 된다.

```
version = "ami-40d28157"
```

계획을 실행하거나 명령을 적용할 때마다 테라폼은 자동으로 **terraform.tfvars** 파일을 찾고, 변경 사항이 있으면 그 안에 정의된 모든 변수를 이용하여 구성 정보의 변수를 설정한다. **.tfvars** 파일 형태는 자동화된 배포 스크립트를 통해 관리하기가 매우 쉽고 HCL 구문을 처리하지 않으려는 경우 테라폼을 사용하여 **terraform.tfvars.json** 파일에서 JSON을 사용할 수도 있다.

```
{
  "version": "ami-40d28157"
}
```

애플리케이션 저장소의 마스터 브랜치를 실행할 때마다 커밋된 훅을 설정하여 자동 배포 스크립트를 실행할 수 있다. 예를 들어, 커밋 메시지에 "release-stage"라는 텍스트가 포함되어 있고, "release-prod"라는 텍스트가 있으면 상용에 배포할 수 있다. 이렇게 하면 배포가 커밋에 의해 수행되고 모든 배포의 기록이 로그에 저장된다. 상용 환경에서 문제가 발생하면 커밋 로그를 가장 먼저 확인하면 되고, 변경된 내역과 배포된 코드를 모두 확인할 수 있다.

일부 유형의 테라폼 변경으로 인한 충돌(0.9 버전 이하 테라폼 구동 시)

여러 팀 구성원이 동시에 변경하는 경우에 워크플로는 어떻게 될 것인가? 3장에서 언급한 것과 같이 테라그런트, 테라폼 Pro/Enterprise와 같은 잠금 메커니즘을 사용하면 된다. 두 팀원이 같은 테라폼 설정 정보를 수정하고 동시에 terraform apply를 적용하는 경우 각 적용 사항을 덮어쓰지 않게 지원한다. 하지만 이것은 문제의 일부분만 해결하며, 테라그런트와 테라폼 Pro/Enterprise는 테라폼 설정 정보 자체의 잠금 기능을 제공할 수 없다.

예를 들어, 팀원 안나가 'foo'라는 앱의 테라폼 구성을 일부 변경한다고 가정해 보자.

```
resource "aws_instance" "foo" {
  ami           = "ami-40d28157"
  instance_type = "t2.micro"
}
```

그리고 앱의 접속량이 늘어나 instance_type을 t2.micro에서 t2.medium으로 결정하였다.

```
resource "aws_instance" "foo" {
  ami           = "ami-40d28157"
  instance_type = "t2.medium"
}
```

여기에 그녀가 terraform plan을 수행하면 다음과 같이 보일 것이다.

```
> terraform plan

aws_instance.foo: Refreshing state... (ID: i-6a7c545b)
(...)

~ aws_instance.foo
    instance_type: "t2.micro" => "t2.medium"

Plan: 0 to add, 1 to change, 0 to destroy.
```

변경 사항이 이상 없으면 스테이징 배포를 위해 terraform apply를 수행할 것이다.

그동안 빌(Bill)은 함께 테라폼을 변경하기 시작하며, 같은 앱의 구성에 태그를 추가하려고 한다.

```
resource "aws_instance" "foo" {
  ami           = "ami-40d28157"
  instance_type = "t2.micro"

  tags {
    Name = "foo"
  }
}
```

안나의 변경 사항은 이미 스테이징에 배포되었지만, 아직 마스터에 병합되지 않았으므로 빌의
코드에는 이전 t2.micro 인스턴스 유형이 여전히 남아 있다. 그리고 빌이 plan 명령을 수행할
때 보는 것은 다음과 같다.

```
> terraform plan

aws_instance.foo: Refreshing state... (ID: i-6a7c545b)
(...)

~ aws_instance.foo
    instance_type: "t2.medium" => "t2.micro"
    tags.%: "0" => "1"
    tags.Name: "" => "foo"

Plan: 0 to add, 1 to change, 0 to destroy.
```

이대로 수행한다면 그는 안나의 instance_type 변경을 취소할 것이다. 안나가 아직 스테이징
단계에서 테스트 중이라면 서버가 갑자기 재배포되고, 다르게 작동하기 시작하면 매우 혼란스
러울 것이다.

한 가지 좋은 소식은 빌이 계획 명령에 대한 결과를 확인하면, 그는 뭔가 잘못되었다는 것을
깨닫게 되고, 안나에게 어떤 문제도 일으키지 않을 것이다. 또한, 상용 환경에서는 이러한 워
크플로를 적용할 수 없기 때문에 상용 환경 적응 전에 모든 변경 사항을 마스터에 병합해야
한다. 이 예제의 다른 중요한 점은 개발자가 버전 제어에 대한 변경 사항을 커밋하기 전 공유
환경에 배포할 때 무엇이 변경되는지 확인해야 한다는 것이다. 스테이징에 배포하기 **전에** 끌어
오기 요청(Pull Request)을 하고 마스터에 병합하는 형태로 워크플로를 바꿀 수 있지만, 이 절차
에 대해서는 문제가 있다.

코드 검토를 제출하기 전에 변경 사항(plan 명령 제외)을 테스트할 방법이 없다. 즉, 테스트 되지
않은 코드를 마스터에 병합하고 해당 코드를 스테이징에 배포할 때만 버그를 발견할 수 있다.

그래서 다른 코드 검토를 위한 수정 사항을 제출해야 하지만, 해당 코드도 테스트가 되지 않았을 것이다. 즉, 테스트 되지 않은 코드가 마스터에 계속 병합될 것이다.

빌이 작업하기 전에 안나의 작업이 마스터로 병합되었더라도 빌이 로컬 복사본에 대한 소스 코드를 업데이트하는 것을 잃어버렸다면 똑같은 문제가 발생한다.

일반적인 코드를 업데이트하는 프로세스를 생각해 보자. 예를 들어, 루비 온 레일즈 앱을 업데이트하는 경우는 다음과 같다.

1. 로컬에서 코드 변경
2. 수동으로 테스트(localhost에서 레일즈 앱 실행) 및 테스트 자동화(앱의 단위 테스트 실행)
3. 로컬에서 작동 확인 후 끌어오기 요청
4. 끌어오기 요청 병합 후 스테이징에 변경 내용 배포
5. 스테이징 확인 후 상용에 적용

일반 코드와 테라폼 워크플로의 다른 점은 다음과 같다. 일반(비 인프라) 코드에 대해서는 끌어오기 요청 전에 로컬에서 충분히 테스트할 수 있다. 대부분의 테라폼 코드는 클라우드 환경에 인프라를 배포하는 방법을 정의하고, 테라폼 대부분의 변경 사항을 '로컬'로 테스트할 수는 없다. 따라서 두 가지 옵션이 있다.

충돌 감안

모든 개발자에게 스테이징을 공유 테스트 환경으로 사용하고, 충돌이 발생하면 이를 처리하는 방식이다. 충돌은 비교적 드물기 때문에(팀이 커질 때까지) 스테이징에만 영향을 미치며, 개발자가 충돌 가능성을 인식하고 plan 명령을 실행하여 확인하면 대부분 문제가 발생하기 전에 충돌을 발견할 것이다.

더 많은 환경

테라폼을 많이 변경, 실행 중인 대규모 팀이 있는 경우, 스테이징 환경에서 잦은 충돌로 이어지면 여러 개의 스테이징 환경을 제공하는 방식이다. 각 스테이징 환경에서 더 적은 인원으로 테스트를 충돌 없이 원활하게 수행할 수 있으며, 더 좋은 방법은 개발자들이 테스트를 수행할 때 각기 다른 환경을 온-디멘드(on-demand)하게 제공하면 서로의 충돌 없이 검증할 수 있다. 모든 인프라가 코드로 정의된 경우, 이 전체 프로세스를 자동화할 수 있으며, 이는 '로컬 테스트'에 가깝고 충돌이 발생할 가능성을 0에 가깝게 낮춘다.

만약 많은 환경 옵션을 사용하고 모든 환경을 손으로 관리하면 시간도 소모되고 오류가 발생

하기 쉽다. 하지만 이 단계에 이르면 배포 파이프라인을 사용할 수 있다.

대규모 팀을 위한 배포 파이프라인

만약 모든 팀원(안나, 빌, 신디 등)이 필요하면 언제든지 자체 테스트를 위해 독립된 환경을 갖는 것으로 결정했다고 하자. 또한, 회사가 전 세계적으로 확장되고 있고, 코드가 아마존 웹 서비스의 다양한 지역 us-east-1, us-west-1, eu-west-1으로 배포된다고 하면 폴더 구성이 다음 그림 6-2와 같을 것이다.

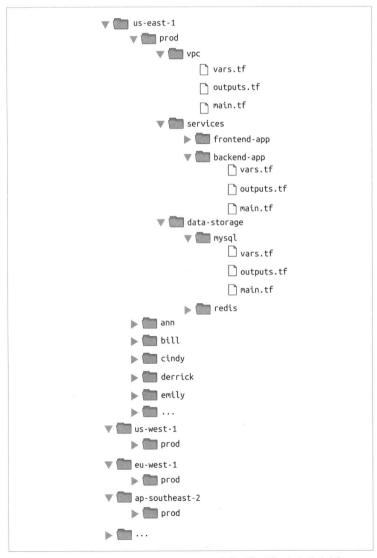

그림 6-2 많은 개발자와 지역에서 많은 수의 환경을 갖춘 파일 레이아웃

테라폼 모듈을 사용하고 있어도 각 환경에 전체 스택(VPC, 서비스, 데이터 저장소 등)의 전체 복사본이 있으면 계속해서 테라폼 코드를 복사해야 한다. 이렇게 하면 유지관리가 어려워지고, 하나의 환경(us-east-1/prod)에서 업데이트할 때 다른 환경(us-east-1/prod)에서 같은 업데이트를 하는 것을 잊어버린다면 서비스에 오류가 발생한다.

이 문제를 해결하는 한 가지 방법은 **배포 파이프라인**을 사용하는 것이다.[4] 일반적으로는 테라폼 코드를 한 곳에서 정의하고, 각 환경을 해당 단일 버전으로 배포할 수 있는 파이프라인을 만들고, 다음과 같이 모듈 저장소를 단일 환경으로 정의한 라이브 저장소처럼 구성하는 것이다(그림 6-3 참조).

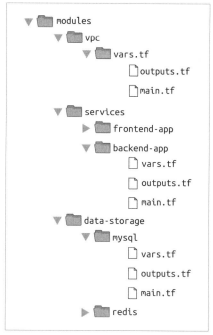

그림 6-3 모듈 저장소에서 단일 환경에 대한 모든 테라폼 코드 정의

모듈 저장소의 각 구성 요소(vpc, frontend-app, mysql)에는 표준 테라폼 코드가 포함되어 있다. 이 모듈 저장소의 각 구성 요소는 표준 테라폼 코드가 포함되어 있으며, 환경별로 달라져야 하는 입력 변수 외에 terraform apply 명령어로 배포될 준비가 되어 있다. 예를 들어, frontend-app 모듈은 다음 변수를 사용한다.

---

4   파이프라인을 사용하여 인프라스트럭처 코드로 환경 관리하는 아이디어는 클리프 모리스가 제안하였다(http://bit.ly/2lJmus8).

```
variable "aws_region" {
  description = "The AWS region to deploy into (e.g. us-east-1)"
}

variable "environment_name" {
  description = "The name of the environment (e.g. stage, prod)"
}

variable "frontend_app_instance_type" {
  description = "The instance type to run (e.g. t2.micro)"
}

variable "frontend_app_instance_count" {
  description = "The number of instances to run"
}
```

라이브 저장소에서 **.tfvars** 파일을 만들어 각 구성 요소를 배포할 수 있으며, 이 입력 변수는 각 환경에 적합한 값으로 설정해야 한다. 라이브 저장소의 폴더 구조는 그림 6-4와 같다.

그림 6-4 배포 파이프라인과 함께 사용되는 상용 저장소의 파일 레이아웃

라이브 저장소에는 테라폼 구성 파일(*.tf)이 없으며, 대신 각 .tfvars 파일은 특수 매개 변수를 사용하여 테라폼 구성을 동작시킨다. 예를 들어, 상용 환경에서 frontend-app 모듈을 배포하려면, **us-east-1/prod/frontend-app.tfvars**에 다음과 같은 설정을 하면 된다.

```
source = "git::git@github.com:foo/modules.git//frontend-app?ref=v0.0.3"

aws_region                 = "us-east-1"
environment_name           = "prod"
frontend_app_instance_type = "m4.large"
frontend_app_instance_count = 10
```

스테이징에 다른 버전의 frontend-app 모듈을 배치하려면 **us-east-1/stage/frontend-app. tfvars**를 다음과 같이 설정한다.

```
source = "git::git@github.com:foo/modules.git//frontend-app?ref=v0.0.7"

aws_region                 = "us-east-1"
environment_name           = "stage"
frontend_app_instance_type = "t2.micro"
frontend_app_instance_count = 2
```

두 .tfvars 파일 모두 로컬 파일 경로 또는 버전이 지정된 깃 URL을 지정할 수 있는 source 매개 변수를 사용하여 테라폼 구성의 위치를 지정하며, .tfvars 파일은 또한 테라폼 구성의 모든 변수에 대한 값을 정의한다.

배포를 수행하려면 .tfvars 파일의 경로를 입력하고 다음을 수행한다.[5]

1. .tfvars 파일의 source 매개 변수에 지정된 URL에서 모듈 저장소를 체크아웃하기 위해 terraform init를 수행

2. terraform apply –var–file <TF_VARS_PATH>를 실행(TF_VARS_PATH는 .tfvars 파일의 경로)

이 스크립트를 실행하여 각 환경에서 구성 요소의 단일 버전을 업데이트할 수 있다.

예를 들어, 앤이 v0.0.7의 frontend-app 모듈을 방금 릴리즈한 경우 **us-east-1/ann/frontend-app.tfvars**에서 소스 URL을 새로운 버전으로 업데이트하고, 스크립트를 실행하여 격리된 테스트 환경에서 새 버전을 배포할 수 있다.

---

5 테라그런트는 이 워크플로를 지원한다(https://github.com/gruntwork-io/terragrunt).

테스트 환경에서 배포가 성공하고 모든 자동화 및 수동 테스트가 통과되면 앤은 스크립트를 사용하여 정확히 같은 버전의 frontend-app을 스테이징 환경에 배포할 수 있다. 이렇게 모든 테스트가 통과되면 앤은 스크립트를 사용하여 프로덕션 환경을 v0.0.7로 업데이트할 수 있다. 또한, 자동화된 테스트를 완벽하게 구성한 경우 자동화된 테스트가 통과한 후 모든 상용 환경에 자동으로 업데이트를 수행하도록 빌드 서버(Jenkins 또는 Circle CI)를 구성할 수도 있다. 이 방법의 장점은 환경을 정의하는 데 필요한 코드가 몇 개의 .tfvars 파일로 줄어들며, 각 파일은 환경마다 다른 변수만 지정하면 된다. 이것은 당신이 얻을 수 있는 DRY(Don't Repeat Yourself)에 관한 것이며, 이는 여러 환경을 유지 보수할 때 발생하는 리소스의 낭비와 복사/붙여넣기 오류를 줄이는 데 도움이 된다. 결과적으로 개발자는 테스트를 위한 독립된 환경을 쉽게 생성하고, 완료될 때 해당 환경의 리소스를 손쉽게 회수할 수 있다. 또한, 이 파이프라인 방법을 이용하면 다음 그림 6-5처럼 각 환경의 인프라를 변하지 않는 코드 혹은 아티팩트(artifact) 형태로 구성할 수 있다.

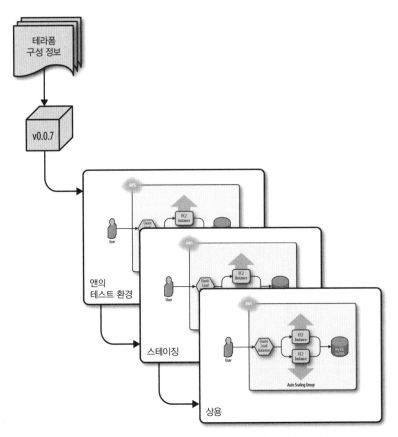

그림 6-5 테라폼 코드의 특정 버전을 환경에서 환경으로 전달

1장에서는 응용 프로그램을 버전에 대해 변하지 않는 아티팩트(VM 이미지)로 패키지화하는 방법, 손쉽게 테스트하는 방법, 모든 환경에서 같은 방식으로 실행하는 방법까지 살펴보았다. 이제 이 책의 마지막 장에서 전체 인프라를 버전 관리하고 변경되지 않는 아티팩트로 패키징 하는 방법과 인프라를 테스트하고 모든 환경에서 똑같은 방식으로 실행하고 확인하는 방법을 알아보았다.

결론

테라폼 코드를 작성하는 방법, 테라폼 상태를 관리하는 방법, 테라폼을 사용하여 재사용 가능한 모듈을 만드는 방법 등을 비롯하여 실제 세계에서 테라폼을 사용하는 데 필요한 모든 것을 알았다. 반복문을 작성하는 방법, 조건문 및 배포 방법, 테라폼을 팀으로 사용하는 방법에 관해 설명하였다.

서버, 클러스터 밸런서, 데이터베이스, 자동 확장 일정, CloudWatch 알람, IAM 사용자, 재사용 가능한 모듈, 무중단 배포, 자동화된 테스트 등을 배포하고 관리하는 사례를 살펴보았다. 또한, 이 모든 작업이 끝나면 각 모듈에서 terraform destroy를 실행하는 것을 잊지 말아야 한다. 테라폼의 기능, 더 일반적으로 인프라 구조의 코드는 응용 프로그램 자체와 같은 코딩 원칙을 사용하여 응용 프로그램 주변의 모든 운영 문제를 관리할 수 있다. 이를 통해 모듈, 코드 검토, 버전 제어 및 자동화된 테스트를 비롯하여 소프트웨어 엔지니어링의 모든 기능을 인프라에 적용할 수 있다. 테라폼을 올바르게 사용하면 팀이 더 빠르게 배포하고 변경 사항에 더욱 신속하게 대응할 수 있다. 아마, 배포는 일상적이고 지루할 것이다. 하지만 운영의 세계에서 지루한 작업은 매우 좋은 일이다. 또한, 인프라를 직접 관리하는 데 시간을 허비하지 않고 실제로 업무를 수행하는 경우, 팀은 인프라를 개선하는 데 더 많은 시간을 할애할 수 있으므로 더 빠르게 업무를 수행할 수 있는 장점도 있다.

드디어 책의 끝까지 왔지만, 테라폼으로 시작한 여행의 시작일 뿐이다. 테라폼, 코드형 인프라 및 개발자 작업에 대한 자세한 내용은 부록 A의 '추가로 읽을 만한 자료'를 참조하기 바란다. 의견이나 질문은 jim@ybrikman.com으로 연락 바란다.

APPENDIX

추가로 읽을 만한 자료

다음은 데브옵스, 코드형 인프라와 관련한 책과 블로그, 뉴스레터와 커뮤니티에 있는 내용 중 유익하게 활용할 수 있는 자료다.

책

- 《사이트 신뢰성 엔지니어링: 구글이 공개하는 서비스 개발과 운영 노하우(Site Reliability Engineering: How Google Runs Production Systems)》(벳시 베이어, 크리스 존스, 제니퍼 펫오프, 니얼 리처드 머피 지음, 장현희 옮김, 제이펍, 2018)
- 《데브옵스 핸드북: 세계 최고 수준의 기민성, 신뢰성, 안정성을 갖춘 기술 조직의 비밀(The DevOps Handbook: How to Create World-Class Agility, Reliability, and Security in Technology Organizations)》(진 킴, 제즈 험블, 패트릭 드부아, 존 윌리스 지음, 김영기, 김나리 옮김, 에이콘출판사, 2018)
- 《신뢰할 수 있는 소프트웨어 출시: 효과적이고 지속적인 소프트웨어 개발의 모든 것(Continuous Delivery: Reliable Software Releases through Build, Test, and Deployment Automation)》(제즈 험블, 데이비드 팔리 지음, 유석문, 김은하, 설현준 옮김, 에이콘출판사, 2013)

- 《RELEASE IT: 성공적인 출시를 위한 소프트웨어 설계와 배치(Release It)》(마이클 나이가드 지음, 신승환, 정태중 옮김, 위키북스, 2007)
- 《Leading the Transformation: Applying Agile and Devops Principles at Scale》(Gary Gruver, Tommy Mouser, IT Revolution Press, 2015)
- 《Visible Ops Handbook》(Kevin Behr, Gene Kim, George Spafford, Information Technology Process Institute, 2005)
- 《Effective DevOps》(Jennifer Davis, Katherine Daniels, O'Reilly, 2016)
- 《Lean Enterprise》(Jez Humble, Joanne Molesky, Barry O'Reilly, O'Reilly, 2015)
- 《Hello, Startup: A Programmer's Guide to Building Products, Technologies, and Teams》(Yevgeniy Brikman, O'Reilly, 2015)

블로그

- 높은 확장성(http://highscalability.com/)
- 코드의 기술(https://codeascraft.com/)
- 데브2옵스(http://dev2ops.org/)
- 아마존 웹 서비스 블로그(https://aws.amazon.com/blogs/aws/)
- 키친 소프(http://www.kitchensoap.com/)
- 폴 함만의 블로그(http://paulhammant.com/)
- 마틴 파울러의 블로그(http://martinfowler.com/bliki/)
- 그런트웍스의 블로그(https://blog.gruntwork.io/)
- 예브게니 브릭만의 블로그(http://www.ybrikman.com/writing/)

영상

- 제즈 험블, '지속적 전달을 적용하기'(https://youtu.be/ZLBhVEo1OG4)
- 마이클 렘시와 패트릭 맥도넬, '지속적으로 배포하기 위한 문화'(https://vimeo.com/51310058)

- 존 알스패와 폴 해먼드, '하루에 수십 번 배포하기: 플리커에서 개발과 운영의 조화' (https://youtu.be/LdOe18KhtT4)
- 레이첼 포트빈, '왜 구글은 수십 억 라인의 코드를 단일 저장소에 저장하는가?' (https://youtu.be/W71BTkUbdqE)
- 리치 히키, '시스템의 언어'(https://youtu.be/ROor6_NGIWU)
- 밴 크리스텐슨, '분산된 모놀리틱을 구성하지 마세요'(https://youtu.be/-czp0Y4Z36Y)
- 글랜 벤드버그, '진짜 소프트웨어 엔지니어링'(https://youtu.be/NP9AIUT9nos)
- 예브게니 브릭만, '코드형 인프라: 아마존 웹 서비스에서 도커, 테라폼과 ECS를 사용하여 마이크로서비스 구축하기' (http://www.ybrikman.com/writing/2016/03/31/infrastructure-as-codemicroservices-aws-docker-terraform-ecs/)
- 예브게니 브릭만, '민첩성에는 안전함이 동반되어야 한다' (http://www.ybrikman.com/writing/2016/02/14/agilityrequires-safety/)

뉴스레터

- 데브옵스 위클리(http://www.devopsweekly.com/)
- 데브옵스 링크(http://devopslinks.com/)
- 그런트웍스 뉴스레터(http://www.gruntwork.io/newsletter/)
- 테라폼: 구성과 동작 뉴스레터(http://www.terraformupandrunning.com/#newsletter)

온라인 포럼

- 테라폼 구글 그룹(https://groups.google.com/forum/#!forum/terraformtool)
- 데브옵스 레딧 그룹(https://www.reddit.com/r/devops/)

찾아보기